与最聪明的人共同进化

HERE COMES EVERYBODY

CHEERS

尖子生的
便签笔记

［日］栗田正行 著

崔颖 译

子どもの学力は
「ふせん
ノート」で伸びる

中国纺织出版社有限公司

自从孩子上了初中，成绩就基本没有提升……

我家孩子几乎从不主动学习……

前　言

您是否
有这样的
烦恼？

孩子在基础科目中有偏科现象，真令人头疼……

尖子生的便签笔记

您可曾有过上述这样的烦恼？

其实，我接触过众多父母，他们都有这些类似的烦恼。

那么，这些烦恼能够得到解决吗？

我的回答是"YES"。本书就为此提供了答案。

我所追求的并非仅仅让孩子们提高眼前的分数，而是让他们掌握自主学习的方法，只要掌握了学习方法，成绩自然会得到提升。

对此，关键是改善"平时做笔记的方法"。我长年向孩子们传授自己做笔记的经验。其中，"便签"是我特别关注的物品。

我把活用便签的笔记法命名为"便签笔记法"，并将其用法结集成书，希望学生们也能够尝试这种灵活使用便签的方法。

一图胜千言。

让我们先来看看实际使用"便签笔记法"学生们的笔记本和他们的感想吧！

学生们的"便签笔记"

我能够自觉地回顾笔记,复习因此变得轻松了。

事后再看笔记时,学习的过程一目了然!

使用了"便签笔记法",我总会不由自主想要认真梳理学习内容。

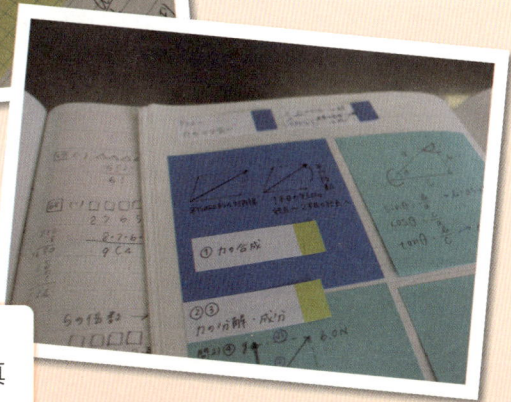

他们的喜悦之声

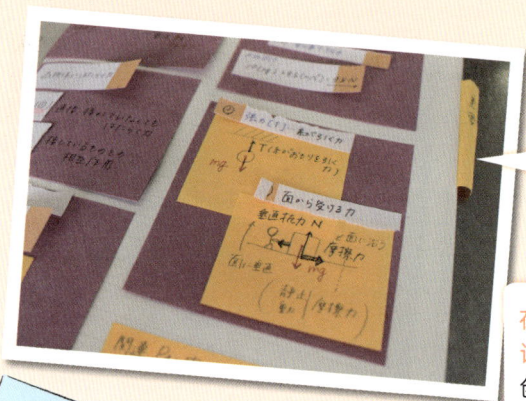

我变得**头脑清晰**，善于记忆了！

在不断努力后，我的笔记本变得好像一本独创的参考书。

以前总是总结不好的板书内容，现在通过便签的贴换，我能够进行个性化的归纳了！

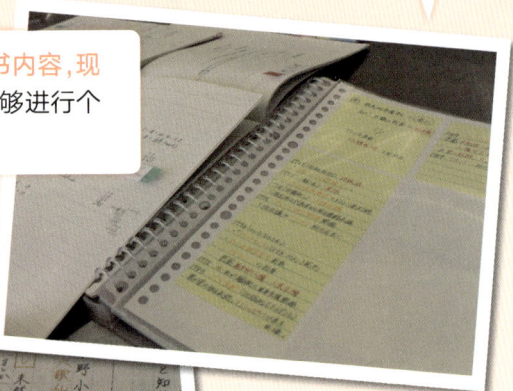

感觉**比起普通的做笔记方法**，"便签笔记法"使我能更好地理解老师的话。

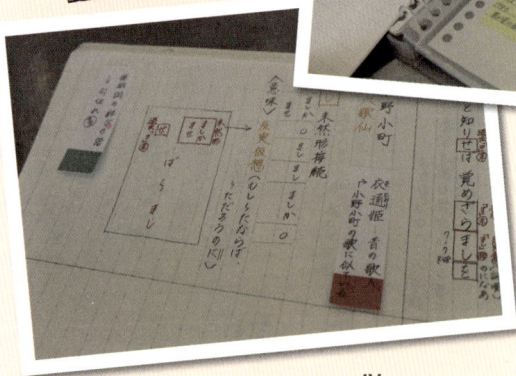

怎么样？很不错吧！

这些笔记传达出了孩子们的"干劲儿"和"学习的乐趣"。

忘了自我介绍，我是在日本千叶县私立高中教授数学的栗田正行。

我曾经当过中小学生的课外辅导班老师，喜欢从"教学工作"中发现乐趣，之后又成了一名正式的学校老师——这是我心心念念的职业。

我长年在课外辅导班和学校的教学一线工作，学到了很多教学技巧和教学方法，并从千余册书籍中获取知识，最终确立了自己独特的教学方式。在这期间，我听到很多"请传授一下教学技巧"的呼声，因此出版了1本面向家长的专著和8本面向学校教师的专著。现在，我经常作为**培训教师的"专业教师"**从事各项活动，比如在全国各地举办校内培训和讲座，参加书店举办的一些活动等。

最近，我被选派为学校尖子班（由学习能力出众的学生组成的班级）的班主任，在校内外所做的工作得到了广泛认可。

我希望对孩子的学习抱有如下烦恼的父母们可以来读一读本书。

- ☑ **孩子就是"不学习"**
- ☑ **孩子"跟不上"学校的课程进度**
- ☑ **尽管在家里也学习，但"成绩总是上不去"**
- ☑ **基础科目中有偏科的课程**

我通过迄今为止指导过的小学生和初、高中生，了解到了**学生在各年级和各科目学习中遇到的困难和容易受挫的关键点。**

在某一时刻，我注意到了一件事。

使用"便签"可以解决上述家长们所抱有的苦恼。也就是说，平常在不经意间使用的"便签"，依据使用方法的不同，可以不断提高孩子们的学习能力。

您是否有这样的烦恼?

　　我研究了自己所教学生的笔记，向他们介绍了"便签笔记法"，效果和评价都非常好。我们不断改正错误，创造了能够提升孩子们成绩的"便签笔记技巧"。

　　与此同时，我还发现学生从初中开始使用该方法要比从高中才开始使用更为见效。

　　我曾以几百个孩子为观察对象。在小学阶段，很多孩子即便在家复习马马虎虎，但学习成绩总还过得去。但升入初中后，学习环境和课程难度都发生了巨大变化。例如:

☑ **想要提高成绩，就必须在课后认真复习功课**

☑ **在课堂上所做的笔记被当作"笔记分"计入成绩中**

　　对于解决这些问题，如何让笔记"**在复习时起到作用**"，如何让老师看到"条理清晰的笔记"都是非常重要的。

虽说**"便签笔记法"**对小学生也有效果，但因为大多数学生是升入初中后才开始学习成体系的知识，所以正式开始记笔记（包括在家中学习和升学考试复习）一般也是从初中开始。

此外，在我当课外辅导班老师时，初中生家长来咨询的最多的问题就是孩子**"跟不上学校的课程进度"**，其中很多家长反映孩子"好像无法理解课堂上学习的内容，也无法好好做笔记"。因此综合考虑，我认为开始使用"便签笔记法"的**最佳时机是初中阶段**。

当然，对小学生和高中生、大学生，乃至社会人士来说，**"便签笔记法"都是非常好用的学习方法**，所以请一定尝试一下本书介绍的方法。

"便签笔记法"的基本做法只有一

太难的方法难以坚持啊……

大概要花很多钱吧……

也许有很多人会想……

您是否有这样的烦恼?

条,即"**把过去写在笔记本上的东西写到便签上**"。

如果你想"**从今天起试试看**"的话,只要准备好这 3 样物品就可以了。

根据课程的不同,做笔记的方法或许多少也有些差异,但基本的操作方式都是惊人的简单。只不过需要一些便签,做笔记的关键也就在于便签。

"便签笔记法"的必需品

①大小不一的便签
(有三种颜色即可)

②课堂笔记本
(横线本或方格本)

③各种笔
(铅笔,以及黑、红、蓝色的钢笔或中性笔)

活用便签将会使孩子的学习态度发生"戏剧性"的改变。

因此，哪怕本书中的某一页、某一行或是某一个词能够起到一些作用，我作为作者都会感到无比高兴。

希望与本书的邂逅，以及这"一张不起眼的便签"能够为您心爱的孩子带来学习上的转机。

栗田正行

目录

第1章
"便签笔记法"为何能够提高孩子的成绩

001

"便签笔记法"让学习换新貌　　　　　　002

"便签笔记法"的六大功能　　　　　　　004

轻松解决三大学习烦恼　　　　　　　　008

"便签笔记法"让记笔记的方式焕然一新　019

第2章

自如运用"便签笔记法"的5个要领　029

3 类颜色区分问题类型　　　　　　　031

3 类形状区分内容重难点　　　　　　033

遵守"1 张便签 1 句话"原则　　　　035

3 种便签粘贴方法　　　　　　　　036

避免专注于制作便签本身　　　　　　039

第3章

"便签笔记法" 在不同学科中的应用 043

5门课程通用技巧	044
便签笔记法的活用——语文篇	056
便签笔记法的活用——数学篇	082
便签笔记法的活用——理科篇	098
便签笔记法的活用——文科篇	113
便签笔记法的活用——英语篇	129

第4章
让学校生活更有规律的"便签笔记法"

147

"自由自在"的日程管理　　149

一网打尽目标任务　　151

提醒目标完成截止日期　　154

设计便签交流工具　　156

目　录

借助便签产出创意　　　　　　　　158

便签引领梦想实现　　　　　　　　162

后记　　　　　　　　　　　　　　167

致谢　　　　　　　　　　　　　　171

你了解好的学习笔记长什么样吗?

- 上课誊抄老师的板书,存在下列哪些缺点,会影响听课效率吗? ( )

  A. 会比较耗时

  B. 不会

- 运用"便签"做笔记时,应该需要注意避免专注于制作便签本身吗? ( )

  A. 应该需要

  B. 不应该

- 好的学习笔记应具备哪些功能? ( )

  A. 总结归纳

  B. 强化记忆

  C. 加深理解

  D. 以上都是

扫描左侧二维码查看本书更多测试题

学习有乐趣!

想知道更多!

加油!

第1章

"便签笔记法"为何能够提高孩子的成绩

掌握课程内容!

理清思路!

"便签笔记法"
一举解决学习中的烦恼

"便签笔记法"让学习换新貌

您之所以选择本书，应该是基于以下理由吧：

- "想提高孩子的学习成绩"
- "希望孩子能够自主学习"
- "希望孩子能够爱上学习"

想来您一定是为了解决孩子在学习及其相关能力方面的问题而翻开本书。

第 1 章 "便签笔记法"为何能够提高孩子的成绩

我也曾因为职业的关系，读过各类介绍学习法、笔记法的书籍，并加以实践，发现它们各有所长。

其中，"便签笔记法"的优势正如前面所说：

只需要便签、笔记本和笔就能做到 ➡ 工具简单！

把写在笔记本上的内容写到便签上即可 ➡ 步骤简洁！

不需要复杂工具和特殊技巧，学生依旧可以活用之前的学习法和笔记法。

"便签笔记法"的强大之处在于，**在以往记笔记的基础上，通过添加便签所独有的功能，就能更高效地学习。**

"便签笔记法"的六大功能

那么，使用"便签笔记法"有什么好处呢？

虽然其功能繁多，但我在此只列举"便签笔记法"最主要的 6 种功能，即：

归纳总结　信息读取　强化记忆

调整思路　加深理解　解决问题

下面一一进行说明。

归纳总结

"便签笔记法"的基本操作步骤就是在便签上书写并将其粘贴于笔记本上。

普通的笔记本，内容写上去后便无法再调整结构，但便签却可以多次粘贴、揭下，以自己满意的形式进行知识的归纳总结。

信息读取

在很多情况下，虽然我们不知道"便签笔记法"，但实际上却在教科书中做了索引式的"便签"。

更进一步来说，凭借对课堂的关注点和重要事项所做的笔记，我们就能制作出一本仅凭阅读便签即可高效学习的独创参考书。

强化记忆

仅仅做到写好便签并以易懂的方式粘贴，就能够帮助我们强化记忆。

此外，将重要事项用便签进行遮盖、将需要记忆的内容书写在便签的正反两面等方法，都能够帮助我们记住重要内容。

调整思路

便签的一大优势是能够轻松粘贴和揭下，最大限度地发挥这一优势，我们就可以对学习内容进行个性化整理。

在多次尝试后，最终找到便于自己理解所学知识的最佳粘贴方式，这也是"便签笔记法"的妙趣之一。

加深理解

"便签笔记法"通过其在总结内容、调整思路方面的优势，使我们自然而然地达到了更为透彻地理解学习内容的目的。

比起死记硬背，多层次的操作可以让我们更深刻地记住在解决问题过程中所出现的关键点和注意事项。

解决问题

有益于整理信息、理解事物以及引发奇思妙想的"便签笔记法"，是解决各类问题的好方法。

"便签笔记法"不仅适用于学习，也可以应用到其他事情中。

下面，就让我们具体看一下，"便签笔记法"如何为孩子们的学习带来有益影响吧！

"便签笔记法"的优点

比起仅是抄写板书内容的"普通笔记","便签笔记法"的六大功能会让人获得前者所无法取得的效果。

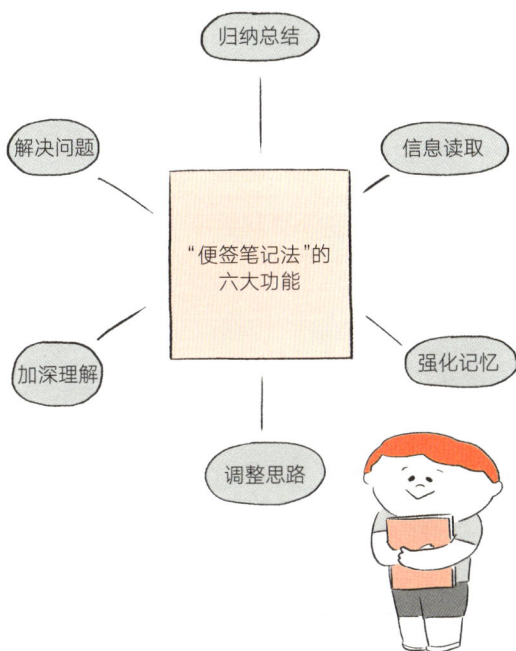

归纳总结

解决问题

信息读取

"便签笔记法"的
六大功能

加深理解

强化记忆

调整思路

轻松解决三大学习烦恼

我曾接受过数百位家长的咨询，发现在子女学习方面，他们有着大致相似的烦恼。最常听到的是如下3种：

- ☑ 学习的烦恼①**成绩难以提升**
- ☑ 学习的烦恼②**笔记脏乱、看不清楚**
- ☑ 学习的烦恼③**不喜欢学习**

造成这些问题的根本原因都在于"孩子跟不上学校的课程进度"这一开头所提到的家长的烦恼。

对于子女的学习，您是否也有其中某一种烦恼呢？或者是3种都有？

如果是这样的话，您会庆幸看到本书，因为使用"便签笔记法"能够一举解决这三大烦恼（当然这也因人而异）。

下面，我们就基于"便签笔记法"的功能来说明其为何能消除这三大烦恼。

学习的烦恼①成绩难以提升

以我在课外辅导班及高中等一线教学 15 年以上的的工作经验来看，要想提高孩子的学习成绩，家庭学习是必不可少的。

理由很简单。无论是学校还是课外辅导班，孩子们都会努力汲取老师所传授的知识，或是完成老师所布置的任务。然而，与其说孩子们是在积极努力，倒不如说是在被动接受更为合适。

因此，在家庭学习方面，就需要孩子们自主地、有意识地去行动，换言之，就是主动学习。

这种**"主动学习"**的态度特别重要。

人往往会对被命令去做的事情（例如，从妈妈口中说出的"快去学习"）产生反感，而**易于接受自己决定**

的事情并积极去面对。

"便签笔记法"在这种时刻就会发挥作用。

由于"便签笔记法"中包括了**使用便签整理、总结学习内容的步骤**，因此在制作便签的过程中就顺便完成了复习。

更为关键的是，使用便签为孩子提供了自主学习的机会。

在家中的日均学习时间标准可以这样来计算，小学生是"（年级×10）分钟"，初中生则是"（年级+1）小时"。

例如，初中一年级学生在家中应学习"（1+1=2）小时"。对平时在家中不怎么学习的孩子来说，这个标准无疑是相当难达到的。

但是，如果将按照"（年级+1）小时"这一标准计算出来的时间，用于使用便签整理当日的课程内容，结果会怎样呢？

恐怕会有不少孩子认为难度下降了，这种程度的话自己也可以完成呢。

实际上，在课堂上能立刻掌握所学内容的孩子只有很少一部分。

正因如此，作为学校课程补充的课外辅导班才广受欢迎，在那里，**对功课的复习提高了孩子们的成绩**。

使用"便签笔记法"学习，因为要重复"书写""粘贴"这样的步骤，所以多少有些玩拼图的感觉，易于让人投入学习。

我之所以把"便签笔记法"推荐给烦恼于孩子成绩无法提高的家长们，最重要的理由就是该方法具有可持续性。

"只是在课堂笔记上添加便签而已"，以此为开端的这种极其单纯的工作，容易让人坚持下去。

让我们利用"便签"使孩子保持学习兴趣，从而提高他们的学习成绩吧！

使用"便签笔记法"，可以增加学生的家庭学习时间，提升成绩！

学习的烦恼② 笔记脏乱、看不清楚

在这里我首先想说的是，笔记的整洁程度与成绩的高低并非成正比。

在善于学习的学生中，有些孩子的笔记即使意在恭维也难以称之为整洁。那么，为何他们没有做出好看的笔记，却仍然成绩出众呢？

我的结论是，**比起写一本漂亮的笔记，这样的学生更注重将精力分配给理解问题的本质和解决问题**。

这时，就轮到"便签笔记法"登场了！**"便签笔记法"能够用最少的精力使笔记清晰易读（哪怕字迹本身并不工整！），使孩子将精力集中到对学习内容的理解和掌握上**。

那么，您知道如何使笔记既易读又便于复习吗？

让我们看看下面这个例子。

您认为这两个例子中哪一个更加易读易懂，有利于提升成绩呢？

哪一个是可以提升成绩的笔记呢？

🅐、🅑都是真实的笔记。您认为哪一个是更好的书写方式呢？

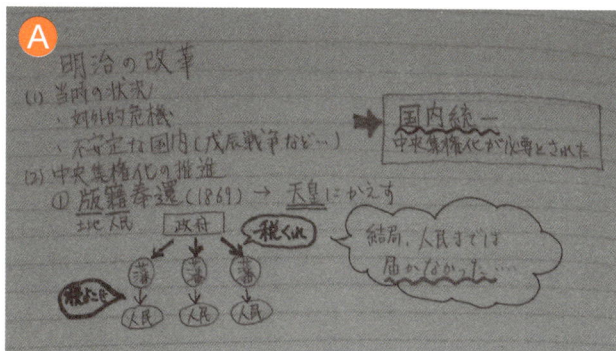

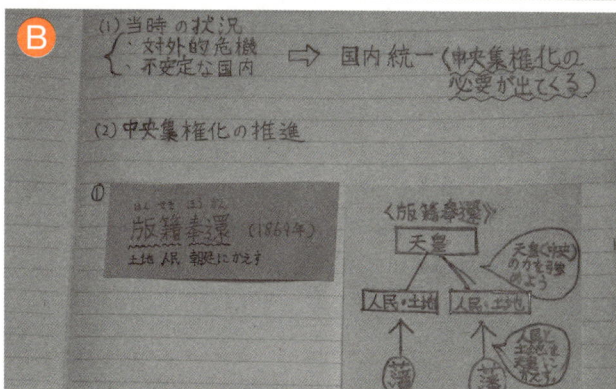

尖子生的便签笔记

有些学生经常会做Ⓐ所示的笔记，满足于字迹美观、使用彩笔多色书写的要求。从外观上的整洁度来说，Ⓐ倒也确实不错。

但事实上，**这种笔记往往难以抓住要点**。

做笔记时非常重要的两点是"经过归纳总结"和"易于把握要点"。所以全篇的黑色字迹固然有些单调，但如Ⓑ那样**精简地使用颜色，则能让要点清晰易懂**。

对于梳理笔记时，需要满足的"经过归纳总结"和"易于把握要点"这两个关键点，"便签笔记法"是最为合适的方法之一。

简而言之，"便签笔记法"就是把本来应该写在笔记本上的内容写在了便签上，然后贴在笔记本里的一种方法。

在这个过程中，

如何写便签？

如何贴便签？

又如何使用"便签"进行归纳总结呢？

大家自然会想到这些问题。

"便签"如同拼图的一片片图块。像玩拼图那样一边构思整体图形，一边考虑各图块的内容和配置，这一过程对于掌握架构能力极为有益。

这种对于知识的架构能力，正是归纳总结的能力。会学习的孩子都具备这方面的能力。

实际上，在实践了"便签笔记法"的学生中，有很多人表示比起上课时记录的普通笔记，在笔记的基础上再活用便签会更有效果。

再者，普通笔记一旦写完就不易改动了，但是便签笔记却可以多次重新粘贴、组合。

"能够轻松更新"的安心感也是让这种方法可持续的一个重要原因。

> 使用"便签笔记法"，笔记可以得到更好的梳理，头脑也会更清晰！

学习的烦恼③ 不喜欢学习

这个烦恼大概可以说是大部分人都抱有的一种苦恼。

但是一旦开始尝试"便签笔记法",孩子会发现自己不由自主地想要使用五彩缤纷、各式各样的便签。

当看到用自己的方式下功夫做成的易读、易懂的便签笔记时,学生的成就感会油然而生。

进而再利用"便签笔记法"的优势使所学内容易于整理、便于记忆,以此提升成绩。

成绩的提升不仅会让学生本人心情愉悦,也会成为其继续学习的动力。

本书的主题是便签,**且只有一个极其简单的规则,就是便签的使用方法是自由的**(后文会详述有效的基本使用规则)。

"便签笔记法"的长处是**可以轻松更新**,活用这一点,不需要制定初始时的琐碎规则就可以做好笔记。

自由书写学习内容,随心所欲地粘贴。这种自主

设计的学习方式，并无"正确"和"不正确"之分。

父母可以做的，大概就是**关心一下孩子是否认真做着其中的每一个步骤**。

如果孩子是中学生的话，家长甚至不必那么严格地对其进行关注，但是需要做到如下两点：

- ☑ 对孩子的努力偶尔给予认可
- ☑ 遇到有趣或好用的便签时，送给孩子作为礼物这些就足够了。

作为一名教师，我强烈地建议父母的职责**不是指导孩子学习，而是为孩子创造享受学习的环境**。

使用"便签笔记法"，可以自主设计学习方式！

最后，需要注意的一点是，**是否可以在课堂笔记本或作业本上使用便签，还需要事先征得老师的同意**。

便签虽然是一种学习用品，但可能也会有老师对其反感。

为了不使孩子的努力付诸东流，还请不要大意，稍稍做一下确认工作。

"便签笔记法"
让孩子学习效率翻倍

"便签笔记法"让记笔记的
方式焕然一新

孩子的成绩会因此截然不同。

不要惧怕这种改变。

说得略夸张些,人类在利用新技术、新方法创造出更便捷的新事物的同时,也必然伴随着困惑。

"便签笔记法"也是如此。

尖子生的便签笔记

就像过去不曾存在的火车和飞机，现在能够在短时间内将人运送到远方一样，"便签笔记法"也能成倍地提高孩子们的学习效率。

那么，"便签笔记法"与"普通笔记法"究竟有何不同呢？

在此，我就列举一下"普通笔记法"所不具备的"便签笔记法"的三大优点。

☑ **提升课堂专注力**

☑ **节省课堂记笔记的时间**

☑ **易于携带，复习更便捷**

下面就各条进行具体说明。

"便签笔记法"的三大优点

❶ 提升课堂专注力

❷ 节省课堂笔记时间

❸ 易于携带,复习更便捷

提升课堂专注力

粘贴之后还能更换，这可以说是便签最大的优点。

"能够重新排列"之所以成为优点，其理由就在于这能让人精力集中。

我曾在课外辅导班为小学、初中学生教授理科课程。

记得在当初的培训中，我被严格训练的一点就是要学会**"单一指令"**，即"写的时候写""听的时候听"，**旨在将精力集中于一点，以提高工作效率和理解程度**。

下面，让我们试着分解一下课堂中孩子们无意识下的一些行为吧。

看　听　写　总结　解答　交流

可以看出他们同时进行着多个行为。接下来，我们从中将与"抄写板书"这个工作相关的行为单独拿出来分析。

看 听 写 总结

行为有所减少。如果不是将板书写到笔记本上，而是写到便签上的话，又会如何呢？

看 听 写

通过使用便签，可以在之后从容地进行"整理和总结"，所以课堂行为被简化到了只剩 3 种。

也就是说，借助写便签，课堂行为被简化了，学生的注意力也就更加集中了。

节省课堂笔记时间

"便签笔记法"的第二个优点是笔记本成了底衬。

一旦在普通的笔记本上写上了内容，我们修改结构时就只能重写，特别是修改非可擦除的笔书写的条目时十分困难。

但是，在使用便签的笔记中，必须记录的内容被写在了便签上，笔记本只是被当作粘贴的底衬使用。**即使结构有误，写有信息的便签也可以移动，不需要重写**。

一页总结一个主题就是这种活用法的一个例子。这样非常便于整理。一页涉及多个主题，整理起来就会花费较多的时间。

可能有人会注意到留白的问题。**会学习的人都会在笔记本上留有足够的空白**，可以将其有效应用于之后的补记和再次编辑。

开始使用"便签笔记法"后，请先从一页一个主题，并留有充足的余白开始做起吧！

把笔记本当作底衬使用，其作用在于将精力置于**汇总和整理上**，也就是将与主题相关的信息写到便签上，并汇总于笔记本上后再进行整理。

使用"便签笔记法"进行知识重构时，粘贴、撕下已经写有知识的便签的过程，可以促使大脑积极思考，这对于梳理头脑中的信息也非常有用。

另外，对于普通的笔记，如果不是在明确其结构后再下笔，那在重写时无论什么时候都无法形成"易懂的笔记"。擦了写，写了擦……徒然浪费时间且毫无意义。

"便签笔记法"只是将写在笔记本上的内容如实地"移植"到贴在笔记本里的便签上而已。

仅仅是将书写的场所由"笔记本"改为"便签"。

在尚未完全习惯之前，也可以先尝试一下只把关键点和重要事项，而非全部内容写到便签上，并使关键部分变得醒目。

易于携带，复习更便捷

从携带方便这个角度来讲，小型便签更适合。

与笔记本不同，便签可以收纳于口袋和铅笔盒中。

可以**随身携带**至任何地方，并**随时记录**，这些都是便签的优势。

如果有随时随地都可以携带的便签，那么就算万一忘带笔记本，也可以把学习内容写在便签上，贴到垫板或是临时记录本上，之后再重新粘到课堂笔记本中。

总之，只要有个临时用的本子，就可以使用便签记录任何课程的内容。

传统的笔记法在这一点上难以与其相提并论。下课后，学生自然需要整理笔记，而整理便签本身就是一种复习（学习），不会让人感到辛苦。

第 1 章　总结

- "便签笔记法"具有"归纳总结""信息读取""强化记忆""调整思路""加深理解""解决问题"六大功能。
- "便签笔记法"能够帮孩子们解决学习时的三大烦恼："成绩难以提升""笔记脏乱、看不清楚""不喜欢学习"。
- "便签笔记法"具有"提升课堂专注力""节省课堂笔记时间""易于携带，复习更便捷"三大优点。

用便签留下学习印记，提升学习能力！

当孩子用纸质词典查阅单词时，请一定让他用小小的便签"留下查阅的痕迹"。

这样做，一是会让其切实感觉到查阅过的单词在不断增加，二是在再次查阅时可以唤醒回忆，"啊，这个曾经查过！"以便加深记忆。

有些电子词典也可以添加书签。但如果是只能简单检索的电子词典，则较难留下那种"查过啦"的印象。稍微多费点儿力气，在纸质词典中加一张便签，获得的信息更能让人重视并且印象深刻。

称纸质词典为"神仙词典"也不为过。对于想要提高英语能力的人，特别推荐纸质词典和便签。习惯了之后，查阅纸质词典的速度将快过电子词典。

学习有乐趣!

想知道更多!

加油!

第2章

自如运用"便签笔记法"
的5个要领

掌握课程内容!

理清思路!

使用"便签笔记法"的 5 个基本要领

使用的基本规则

上一章中介绍了"便签笔记法"的功能及其与"普通笔记法"之间的差异。

在你不断深入了解"便签笔记法"的同时，这里我再讲一下实践"便签笔记法"的 5 个要领。

为了能够轻松地使用"便签笔记法"，我归纳了 5 个基本要领。

请一定在掌握了基本要领后，再进行个性化改变，创造充满个人特色的"便签笔记法"。

下面，先就"便签笔记法"的 5 个基本要领进行逐一说明。

3 类颜色区分问题类型

第一个要领是区分使用便签。这可以说是使用便签时的基本规则。

我在使用便签时并不拘泥于它们的品牌（因为"随时随地都能备于身边"是基本要求，所以不推荐市场上不多见的便签），而是**关注其颜色、形状和大小，选择适用的便签**。

便签的颜色是素净的好，还是炫目的好，我想不同的孩子喜好也是不同的。

在此，我提议一个区分使用颜色的基本规则。

推荐使用黄色、绿色（淡蓝色）、粉色（红色）3 种颜色。之所以选这 3 种颜色，是因为大部分文具柜台摆放的便签都是这些颜色，并且外观也很好区分。

再说一下一定要限定为 3 色的理由。的确，颜色越多看上去越华丽，但是颜色使用过多的话，也会使笔记难以辨认。

请记住，**过度使用颜色是造成辨别困难的根本原因**。

接下来，是区分在各色便签上书写的内容。

☑ **黄色——公式、定理或要点**

☑ **绿色（淡蓝色）——单词、关键词**

☑ **粉色（红色）——问题**

当然，这毕竟是我个人的划分，使用者可以按照自己的喜好来决定。

决定了便签的颜色使用规则后，就行动起来吧！**即使一开始不习惯，也至少要在公认的习惯养成所需的 3 周内，坚持使用该规则来进行学习**。

如果每次都改变规则，孩子在回顾笔记时就会产生混乱。

3 类形状区分内容重难点

下面谈一谈便签的形状。市面上的便签主要以长方形和正方形居多。

此外，还有圆形和做成水果形、文具形的便签，以及印刷上图案的便签等。去稍具规模的文具店里逛逛，你就会发现丰富多彩的、让人眼花缭乱的各式便签。

接下来，给大家介绍一下我区分使用不同形状便签时的基本规则。

- ☑ 正方形——公式、定理或要点
- ☑ 长方形——单词、关键词、需特别留心的语句、问题等
- ☑ 其他形状——对自己的建议、给老师的留言

如何选择便签？

选择朴素的颜色和式样

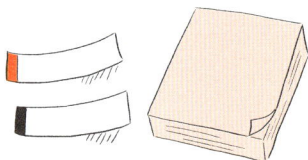

只要能够有效地使用便签，或提高孩子自身的学习主动性，什么形状的便签都可以尝试。**但是不建议过多使用书写空间少，徒占地方的便签**。

此外，关于便签的尺寸，过大或过小都不好用。仅用来写条目时，用小号便签；要归纳总结内容时，则用大号便签。**"大小两种区分使用"**的方式在初期阶段更易于操作。

"便签笔记法"的最终目的在于理解和掌握学习内容，所以书写空间较少的可爱便签可以作为后述的交际工具加以利用。

遵守"1 张便签 1 句话"原则

想要把某件事情坚持下去是有技巧的，那就是尽量让其简洁化。

当孩子决心开始使用"便签笔记法"时，起初只让他完成写便签后粘贴的行为即可。降低难度才能带来长久的坚持。

还有一点要注意的是，也请家长不要一边读着本书，一边向孩子发号施令，容易适得其反。

下面，具体介绍使便签简洁化的一个基本规则，即不在一张便签上写入过多内容，而是**1 张便签上只写 1 个条目**。

我把这称之为"**1 张便签 1 句话**"原则。

在有限的空间内写入过多内容，会使要点混乱。

请记住，**越是简短的总结，越能给人以冲击力**。

3 种便签粘贴方法

"便签笔记法"的优点之一就是**通过贴换便签（整理信息）的行为，实现自主复习，并在头脑中对所学知识加以梳理**。

下面介绍 3 种基本贴法。

①一览表式粘贴法

在便签上写上关键词并将其排列整齐，这是最为基本的粘贴方式。

这种粘贴方式可以有多种用法，如列举英语单词和理科、文科术语等。

这时，使用长方形且尺寸不太大的便签较好。如果能配合笔记本上的格线进行粘贴，那么看上去会更为美观。

不规则动词1

原形	过去式	过去分词	
be	was/were	been	be动词
become	became	become	成为
begin	began	begun	开始
break	broke	broken	破坏
bring	brought	brought	拿来

②叠加粘贴法

这是一种在便签上再叠加便签的方法。基本规则是在大号便签上叠加粘贴小号便签。虽然笔记本多少会有点儿变厚，但是看上去很有分量，可以让便签变得更为醒目。

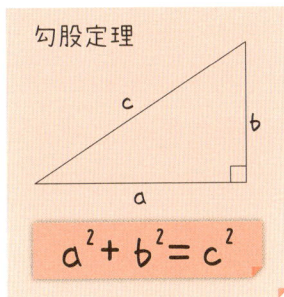

勾股定理

$$a^2 + b^2 = c^2$$

③ Excel 表式粘贴法

即上下左右粘贴便签的方法。像微软公司的软件 Excel 那样，横竖整齐地排列便签。这种贴法在捕捉事物的关联性和把握、总结多个事项时特别有效。

am	is	are
第一人称单数形式	第三人称单数形式	第二人称单数形式
I, this, we	he,she, it, that, they, father, students	you, your

除此之外，还可以按时间线排列便签，或是利用树形图构造进行归纳总结等，都可以自己创新。

另外，像要领①中说的那样，**根据所写内容区分使用各色便签**，会使信息整理更为轻松。

重要的是，要不断进行个性化创新，享受学习的过程。

对还没有掌握基本学习习惯的孩子来说，培养其"尽可能多地制造机会以用来翻看笔记和投入学习"这一意识最为重要。

树状结构便签（图中以部分日本官职为例）

避免专注于制作便签本身

最后一个要领是，要防止在使用"便签笔记法"的初期，或是习惯了其用法后过度陷于其中。也就是说，**不要在如何制作一本漂亮的"便签笔记"这件事本身上投入过多的精力**。

这与"笔记的字迹和色彩运用不够美观的孩子，未必就不善于学习"是同一个道理。

做笔记的根本目的是**"理解和掌握知识"**。

有人最初是抱着这个目的使用"便签笔记法"的，但过程中却慢慢变了味儿，变成了要"装点出一本漂亮的笔记"。

因为丰富多彩的便签、易读的结构，以及可以多次排列组合的强大自由度，都是便签本身所具有的魅力。

这种倾向在追求完美的孩子中较为多见。**请家长务必提醒孩子制作笔记本身并不是目的**。

我认为不仅仅限于"便签笔记法"，从"有益的笔记法"中都应该有如下收获：

- ☑ **在课堂和家庭学习中，获得新知识时的喜悦和激动**
- ☑ **把握了事物本质时，难以言说的充实感**
- ☑ **通过反复训练后，真切感受到的进步**

请一定在明确这 5 个要领的基础上，帮助孩子自如地运用"便签笔记法"。

第 2 章 总结

在"便签笔记法"的基本用法中有 5 个要领，分别是：

要领① 区分便签颜色 ➡ 建议限定为 3 色

要领② 区分便签形状 ➡ 建议限定为 3 类

要领③ 让便签简洁化 ➡ 遵循"1 张便签 1 句话"原则，简洁化是能够长久坚持的关键

要领④ 粘贴的时候进行信息整理 ➡ 灵活运用一览表式粘贴法、叠加式粘贴法、Excel 表式粘贴法等方法

要领⑤ 不要过度专注于制作便签本身 ➡ 不要忘记做笔记的目的是"理解与掌握知识"

想办法让便签可以随时随地携带

为了能够充分利用便签"便携性"的优势，可以尝试让孩子自己摸索方便携带便签的方法。

说到具体的携带方法，可以将

- 铅笔盒
- 笔记本的封底
- 文件夹

等作为便签的收纳空间有效利用。

也有些成年人将便签贴于手机壳和手账上随身携带。

在我教过的学生中，有人使用透明的小袋子装便签。只是单独带着便签行动的话，会造成纸张卷边、零乱散落等情况，所以如果下点儿功夫让其能够常备身边，则易于长期坚持使用。关键是将其置于一定会随身携带的物品中，在更换随身物品时，也不要忘了拿便签。

学习有乐趣!

想知道更多!

加油!

第3章

"便签笔记法"在
不同学科中的应用

掌握课程内容!

理清思路!

在课程中
实践"便签笔记法"吧

5 门课程通用技巧

　　本章讲述在语文、数学、理科、文科、英语这 5 门主课①的学习中，"便签笔记法"的具体应用方法。

　　当然，这里所讲的内容没有必要全部进行实践。

　　请以"这门课学得特别艰难，试试'便签笔记法'吧"的心态开始尝试。

---

① 日本中学的主要课程。下文涉及课程设置的内容均以日本为例。

第 3 章 "便签笔记法"在不同学科中的应用

除了英语之外的四门课程，都是小学时期需要掌握的，是基础知识；而包含英语的 5 门课程，则是与初、高中生升学考试息息相关的重要科目。

你一定想强化学得好的，攻克不擅长的课程吧？使用"便签笔记法"可以帮你实现这个愿望。

先说明一下，"便签笔记法"中有对全部课程都适用的基本用法。

不过每门课程依据其书写习惯、有无公式等，在使用该方法时会有不同的侧重点，之后我会再详细说明各科独有的特征和方法。

首先，介绍一下各科通用的 5 个方法。

通用技巧① 标记高频知识点

有些东西会在教科书上多次出现，如**重要的语句和关键词，理科课程中的公式及定理**等。

每次解题时，从教科书中寻找这些知识点会占用宝贵的学习时间。

便签可以消除这种烦恼。把学习中经常使用的知识点写在便签上即可。

我们的最终目标是在不做参照的情况下也能使用和牢记知识点，在达到这个目标之前，**把便签贴到笔记本上，一眼就能看到这些知识点，这是非常有效的学习方法**。

便签既可以用在课堂笔记本上，也可以用在练习本上，这是便签的一大优点。

将多次使用的知识点写在便签上

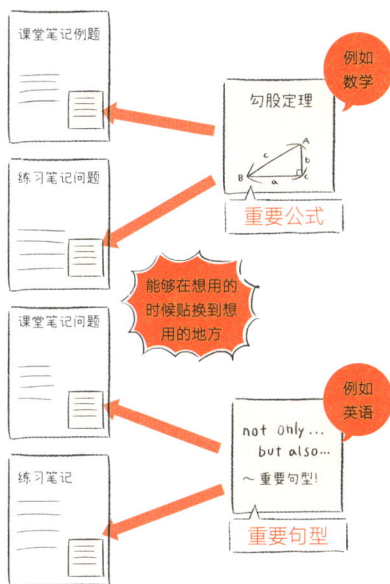

画重点! 把关键词和重要语句,以及公式、定理等总结在便签上。

通用技巧② 快速记忆要点法

接下来谈谈有助于背诵重要内容的便签使用技巧。

便签能够轻松地贴上和揭下，孩子们可以利用该特征，把想要背诵的重要词汇和关键点用便签遮住。如果用记号笔或修正液来做这项工作，有些孩子会比较抵触，因为涂抹某处会使原文难以辨认。

但如果使用便签的话，揭下来后书本立刻就会复原，所以即使暂时遮住重要项目，孩子也不会有抵触感。

使用这个技巧，**只需要在教科书上贴上便签进行遮挡就能制作填空题**。特别是对于记忆英语单词或惯用语、语文中的连接词、理科的重要术语、历史上的人名和事件等，这都是非常有效的方法。

只要稍加琢磨，此法就能取得超群的实用效果，请务必一试。

用便签遮挡想要背诵的部分

连接词及考试中容易出题的地方用便签进行遮盖检查！

奔跑吧，梅洛斯

太宰治

梅洛斯 ▇▇▇▇，他发誓一定要除掉那个邪恶残暴的国王。梅洛斯不懂政治，只是村里的一个牧羊人，每天以吹笛和与羊群嬉戏度日。▇▇他对于邪恶，却比任何人都更加敏感。今晨天还未亮，梅洛斯就从村里出发，▇▇▇▇越岭来到十里之外的希拉克斯城。

画重点！ 用便签遮挡知识点后，原文就成了独创的填空题。

通用技巧③ 绘制要点速记图表

学生在学习过程中，经常会有将课堂上使用的图表的复印件贴到笔记本上的情况。

但是，一旦贴到笔记本上，纸页就会被固定，需要的时候必须费功夫特意去翻找。

在此建议，**复制常用的图表（尺寸不合适的话就缩印），然后贴到较大号的便签上**。

虽然比起直接贴到笔记本上，可能要稍麻烦一些，但是**这样一来，在复习和解题的时候，学生就可以把它们贴到自己容易查找的地方**。

查看图表的次数越多，就越容易将其记在脑中。

为了能达到"随时看到图表"的状态，请一定让孩子试试"图表便签法"。

复制图表，贴于便签

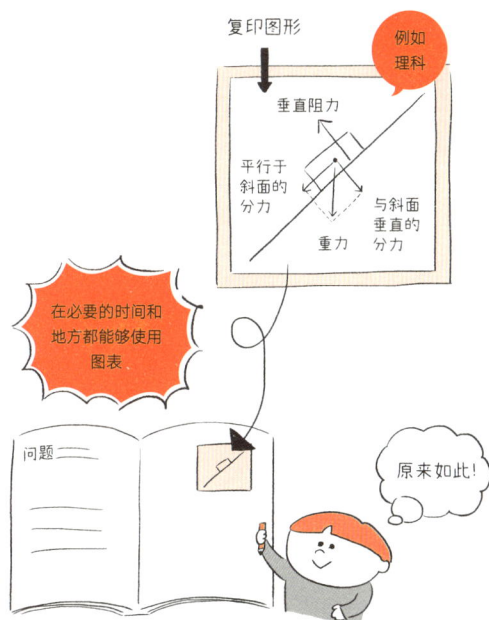

画重点! 利用便签可移动的优点随时查看图表。

通用技巧④制作速查知识索引

一说到便签，可能有人首先就会想到这种用法：在教科书或词典上贴便签，让其露出一部分以用作索引签。

当然，给"便签笔记本"本身添加上这样的便签作为索引，也是非常有效的。添加索引签的方法多种多样，可以依据**单元、考试范围、难易度等标准进行划分**。

但没必要过度细致地分类，最重要的是方便自己在学习时马上能翻到所需之处。

推荐使用**长方形的小号便签**来制作索引签。

过大的便签太占空间，还会导致难以查看教科书，请一定注意。

用便签制作索引

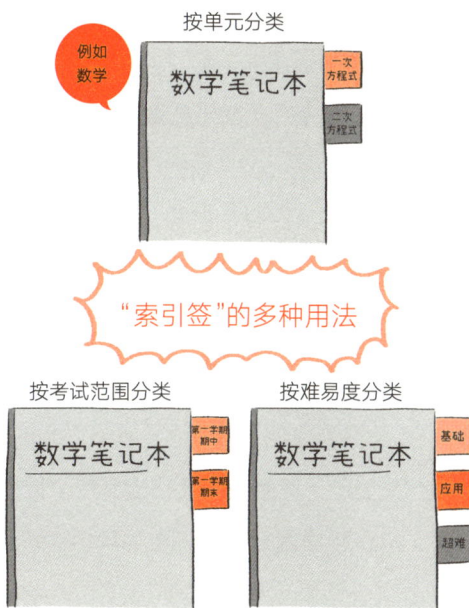

按单元分类

例如
数学

数学笔记本

一次
方程式

二次
方程式

"索引签"的多种用法

按考试范围分类

数学笔记本

第一学期
期中

第一学期
期末

按难易度分类

数学笔记本

基础

应用

超难

画重点！ 推荐使用长方形的小号便签来制作索引签。

通用技巧⑤ 设置思辨问答题

基于之前的介绍，最后再分享一下应对学科考试和升学考试时的便签活用法，即**"问答题便签"**。

所谓"问答题便签"，就是**把做错的或容易出错的问题汇总在一起的便签**。容易错的问题因人而异，所以没必要反复解答和别人一样的题目，而是应该制作自己专属的"问答题便签"习题集。

制作"问答题便签"时需要注意的一点是，要采取"一问一答式"。以文科的学习为例，可以这样写：

- ☑ **问：关于不平等条约，请答出其两个特征。**
- ☑ **答：承认领事裁判权，没有关税自主权。**

"一问一答式"的优点在于，习惯了"这个问题这样回答"的形式之后，就**掌握了解决同类问题的归纳能力**。

用便签制作索引

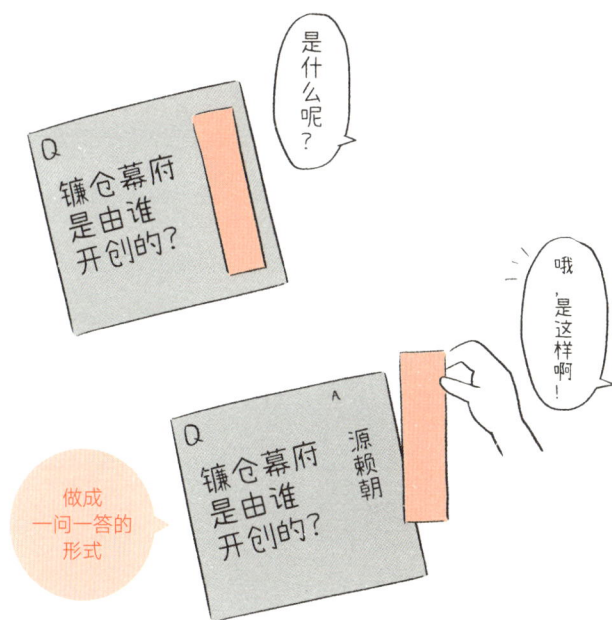

画重点！ 将易错的问题收集起来汇总到笔记本上，就形成了独创的习题集。

便签笔记法的活用——语文篇

语文便签使用技巧

到此为止，本书已经介绍了对小学和中学的所有课程都适用的方法。接下来，我想谈一谈对于不同的课程，如何区分使用"便签笔记法"。

首先是语文课。之所以一开始就谈语文，是因为**语文与所有的课程都有关系**。

无论何种课程，如果读错了题目，或是不能正确理解其意思，都是无法正确作答的。也就是说，仅仅是提高理解题目的能力，也有可能提升其他课程的成绩。

在了解了语文的重要性后，我还要说一个重要的事实，就是与其他主要课程相比，语文的学习有其特殊性。

先说结论，**语文的特殊性在于，在为了应对期中、期末考试而学的内容中，能够对之后的升学考试有用**

的，仅仅是其中的一小部分。

理科和文科课程中学习的内容，有可能会原样出现在升学考试的题目中。在数学考试中，也会用学到的公式做题，或是出现与教科书及习题集里的例题相似的题目。在英语考试中，虽然遇到的几乎都是陌生文章，但如果里面有已知的单词、惯用语和句型的话，学生也是可以阅读的。

与之相对，语文课上学到的语法和文学常识等知识，虽然也能在考试中起作用，但**如果教科书中的课文不被原样做成题目的话，与期末考试相关的题目里就几乎没有能与升学考试直接挂钩的了**。

虽然很残酷，但我认为还是认清这一事实比较好（总感觉有很多学生在不了解这一事实的情况下学习）。

在升学考试中，语文考试要求考生在规定时间内迅速阅读陌生文章，抓住要点后正确回答问题。

不客气地说，如果只是为了在期中、期末考试中能取得好成绩而学习的话，那只要反复做习题就行了。

但若只是为了分数而学习，就无法掌握阅读理解陌生文章的能力。

更进一步说，这样做难以在升学考试中获得想要的结果。

那么，该怎样做才好呢？

答案是，**在平时就要注重提高阅读理解文章的能力，也就是"阅读力"，有意识地采取能够提升这种能力的学习方法，并加以反复练习**。

"便签笔记法"的强项就是能让人在意识到这一点的情况下学习语文。接下来，让我们学习一下语文课中"便签笔记法"的具体用法吧！

准备两种笔记本

在学习语文时，可以事先准备如下两种笔记本。

①课堂笔记本

用于抄写老师板书内容的笔记本。古文的学习格外注重预习。此时，将老师板书的原文摘抄下来，再写上自己的译文，是一种效率高且成果显著的笔记法。

有的老师会要求学生提交课堂笔记，并将其作为成绩评定的一部分。在这种情况下，请在老师允许的范围内写便签，制作易读的笔记。

②词句、成语笔记本

这是特别用于记录语文课上新出现的古文词汇和成语的笔记本，也可用作英语的单词、惯用语笔记本。

理解了古文词汇和成语，自然就会提高对古

文的阅读能力，所以这种用于总结的笔记本与课堂笔记本区分使用为好。

语文学习的 3 个要点

对于语文的学习，大致有 3 个要点。

要点①彻底掌握阅读基本功

要点②彻底掌握不同类型问题的答题技巧

要点③透彻理解课堂内容

我经常从学生那里听到"不明白语文学习的方法"之类的抱怨。

如果您的孩子也是如此的话，请首先掌握这 3 个要点。

要点① 彻底掌握阅读基本功

阅读文章时，最重要的一点就是要有"努力正确理解文章意义"的意识。为了提高阅读能力，正确阅读文章，需要注意以下几点：

①清除不明读音的汉字和不明意义的词汇

类似"这是什么"之类的小疑问，不断累积而得不到解决的话，学生对于文章的理解就会模糊不清。

"不明读音和意义的词汇"一旦出现，就写到便签上，并一定加以调查解决。这种积累也会增强自己的词汇认知能力。

词汇认知能力是与升学考试直接相关的能力，所以请务必实践该法。

②理解指示代词的指代内容

文章中一旦出现指示代词，就一定要弄清楚该词所指代的内容。

使用便签，确认指示代词所指代的内容，将其用作阅读文章时的提示。

③关注连接词

像是"例如"这样的连接词一出现，我们就明白之后要具体举例了。"那么""且说"一出现，就知道是要转换话题了。"但是"出现的话，就要开始表达与前面相反的意见了。"所以"的后面则跟着结论。

文章结构由连接词如此连接而成。

对于正在学习的文章，用便签遮盖住具有关键意义的连接词，若能达到无任何参照即可回答的程度，则可以较好地应对考试，对文章进行流畅阅读。

④概括文章，理解含义

概括文章大意的一个简单办法就是，带着一种"这篇文章究竟想说什么"的疑问进行阅读。

请把概括出来的内容写到便签上，贴在文章旁边。

10 倍提升阅读能力的"便签活用法"

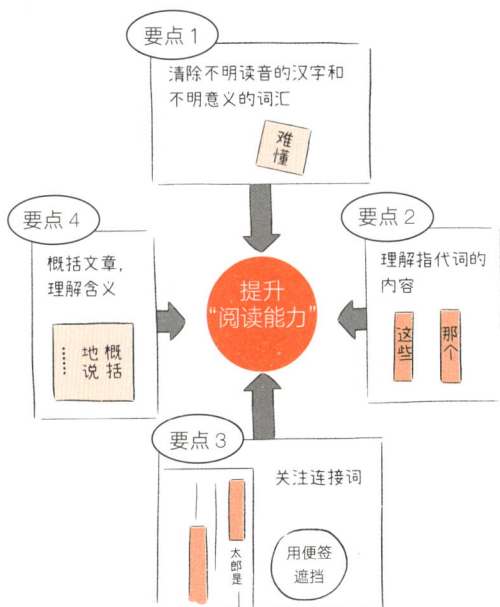

要点 1
清除不明读音的汉字和
不明意义的词汇

难懂

要点 4
概括文章,
理解含义

……地概括说括

提升
"阅读能力"

要点 2
理解指代词的
内容

这些 那个

要点 3
关注连接词

太郎是

用便签遮挡

画重点! 要想彻底掌握阅读基本功,就用心制作具备 4 个要点的便签笔记吧!

文章整体想要表达什么含义？这一段想要强调什么问题？这句话说的是什么意思？这样将文章一步步细致分解，可以更具体地理解文章。

要点② 彻底掌握不同类型问题的答题技巧

语文考试题大致包括小说、议论文等不同文体的文章，以及古文。这些文章各自都有阅读要点。下面就对各种阅读方法进行归纳。

①使用便签阅读"小说"

想要正确回答围绕小说设置的题目，就必须正确理解文章。活用前述能够提高阅读能力的"便签法"，确认**小说相关题目所特有的要点**。这时可以认为"小说中需要确认的要点 = 需要用'便签'整理的条目"。

下面列举的就是"小说中需要确认的要点"。

☑ ①登场人物

☑ ②心情的变化

☑ ③引发的事件

☑ ④情景描写

☑ ⑤场景、时间的转移

尤其需要**正确理解小说中的人物、情感以及相互间的人物关系**，绝不能"用自己的感情去理解""凭感觉去理解"。

这些都需要重做，因为都是在用自己的主观感情进行理解。

阅读小说时，重要的是追随事件的发展及各个阶段的人物形象，沿着故事的脉络理解人物心情。

此外，一提起小说，就有人认为一定要多读在文学史上有一定分量的名家名作（特别是很多家长会这样认为）。

其实，重要的是**让孩子对小说，更确切地说，是对"文章本身"产生亲近感**。

所以，让孩子读他自己感兴趣的小说即可，通俗小说也可以，甚至是简单的绘本也没关系。

请先从减轻孩子阅读文章时的心理障碍开始吧！

②**使用便签阅读"议论文"**

所谓议论文，就是作者把自己试图传达给读者的想法落到纸面上写成的文章。所以，此类文章中一定存在"作者想说的话＝主张"。**对议论文中不断出现的"主张"**，理解其究竟所指何意是最为关键的。

请想象一下，要将自己的想法传达给某人时的场景。例如，可以想象一下作为家长的您，要对孩子讲述学习重要性时的样子。

只会说"我认为学习很重要"，是无法说服孩子的。

文章作者也会为了说服读者，让其理解自己的观点而使用各种技巧。而在解题的时候，还会考查学生是否读懂了作者观点之外的东西。

除了书本之外，**报纸上的社论栏目，以及网络上刊登的报道等，都可以试着让孩子作为议论文阅读练习的素材**。

和小说一样，重要的是要多多接触议论文。

"议论文中需要确认的要点"也和小说一样，是需要用便签整理的条目。

议论文中需要确认的要点有：

☑ **①作者的观点**

☑ **②具体事例**

- ☑ ③转折性否定（具体事例之一。通过否定反对意见来表达自我观点的正确性）
- ☑ ④观点的另一种说法

用下面这篇例文来说明如何完成这 4 个要点。

例文

如何使用"便签笔记法"**进行有效的学习**

　　使用便签的要点是，首先将便签拿出来放到桌子上。这样在课堂和家里学习时，如果想做记录马上就可以写起来。可能有人会说放到包里，用的时候拿出来就行了。但是，也有人会认为在集中精力学习的时候，即使是从包里拿出便签这个小动作，也是个麻烦事。所以，需要把便签放到桌子上，好好发挥其能够时刻做记录的优势。

相关分析如下：

例文

如何使用"便签笔记法"**进行有效的学习**

　　使用便签的要点是，首先将便签拿出来放到桌子上（①作者的观点）。这样在课堂和家里学习时，如果想做记录马上就可以写起来（②具体事例）。可能有人会说放到包里，用的时候拿出来就行了。但是，也有人会认为在集中精力学习的时候，即使是从包里拿出便签这个小动作，也是个麻烦事（③转折性否定）。所以，需要把便签放到桌子上，好好发挥其能够时刻做记录的优势（④观点的另一种说法）。

这样，熟悉了议论文之后，上了考场也能沉着应战。

③使用便签阅读古文

在升学考试中，会碰到很多初次见到的文章，包括古文在内。但试题却并不仅仅是"如实翻译文章"，并"自己进行理解"之类的题目。

试题中，既有需要充分活用课堂所学知识来进行解答的题目，也有要求将难懂词汇的意思进行注释补充的题目。

也就是说，这些试题要求考生具备与阅读小说一样的理解文章内容的能力。

下面，就介绍一下古文阅读方法的3个步骤，涉及的内容都需要用便签进行整理。

- ☑ ①对历史词汇的读音和古文的语法顺序等已学知识进行确认
- ☑ ②制作对译笔记本，列出古文原文和现代语译文
- ☑ ③反复做习题

对于古文，课堂上学到的东西多为与语法相关的内容。建议对这些知识要抱有"一直用到升学考试"的意识并总结到笔记本上。

如前所述，在词句、成语笔记本上粘贴便签进行总结，便于今后的复习。**对历史词汇的读音、古文词汇的意义、古文的语法顺序等进行有效记忆，是攻克古文学习难关的第一步**。

使用便签阅读古文

用"便签笔记法"制作能够进行原文和现代语译文对比的笔记。

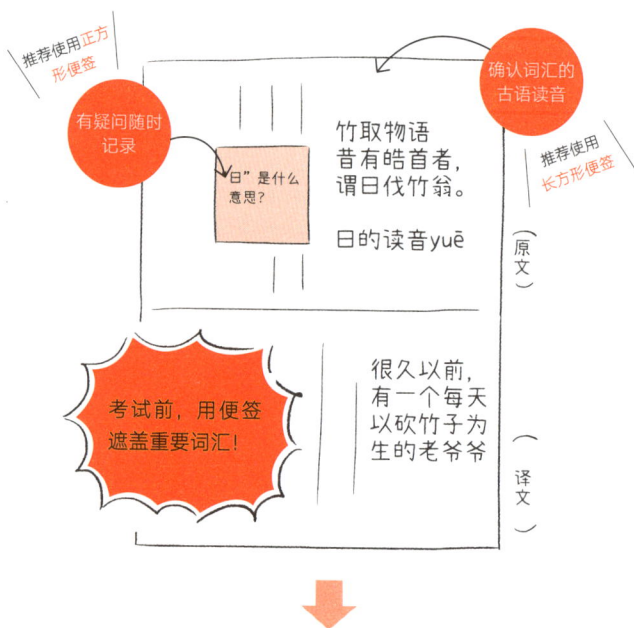

推荐使用正方形便签

有疑问随时记录

确认词汇的古语读音

推荐使用长方形便签

"曰"是什么意思？

竹取物语
昔有皓首者，
谓曰伐竹翁。

曰的读音yuē

（原文）

考试前，用便签遮盖重要词汇！

很久以前，有一个每天以砍竹子为生的老爷爷

（译文）

以笔记为基础，尝试完成作业和习题集

对于古文的现代语翻译，如果都能记住的话自然是理想状态，当然实际上这是很难的。但至少要做到像在课堂上那样，尝试一下制作能进行原文和现代语译文对比的笔记。

这样就能够轻松地不断回看。还可以**用便签将较难的部分遮盖起来，使其瞬间变成填空问题集**。

剩下的就是和其他部分一样，反复地进行习题演练即可。

对待期中、期末考试要把握住其出题范围，对待升学考试则要认真研究以往的真题，重点是与陌生古文相关的试题。

要点③彻底理解课堂内容

学习语文时最头疼的大概是"该怎么学"（我在学生时代也曾有同样的烦恼）。

首先，为了在家中也可以有效学习，请把语文课

课堂中出现的，需要确认的重要事项

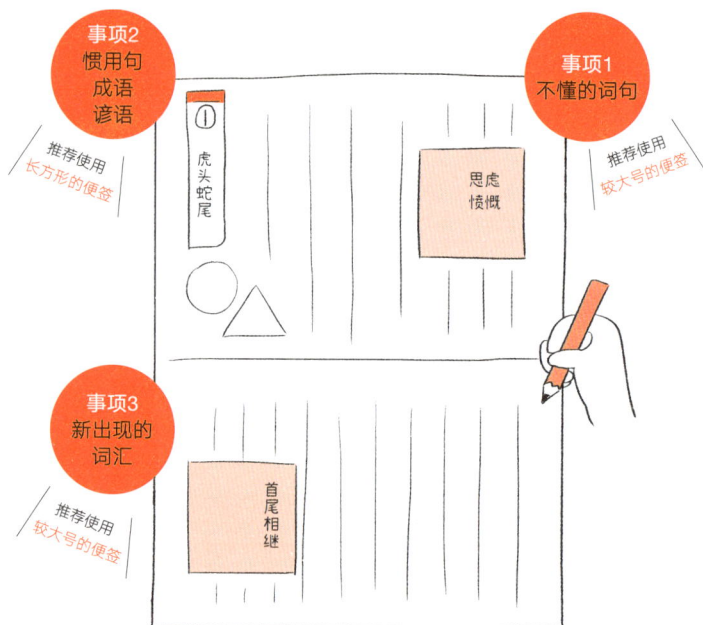

事项2
惯用句
成语
谚语

推荐使用
长方形的便签

① 虎头蛇尾

思虑
愤慨

事项1
不懂的词句

推荐使用
较大号的便签

事项3
新出现的
词汇

推荐使用
较大号的便签

首尾相继

画重点！ 先记录下来，以便之后能够逐一进行请教或查找资料！

上学到的知识扎扎实实地带回来。

把老师讲授的内容记录在课堂笔记本上，这一点和其他课程是一样的。但语文课还有一个制胜法宝就是**把老师讲课的重点记录到便签上。**

具体来说，可以像下面这样根据便签上记录的内容确定粘贴处。

便签的粘贴处有：

- 阅读要点（课文中的重要部分，例如，心情变化和重要场景等）
➡ 贴到教科书上

- 知识要点（词句和成语的意思、语法知识等）
➡ 贴到笔记本上

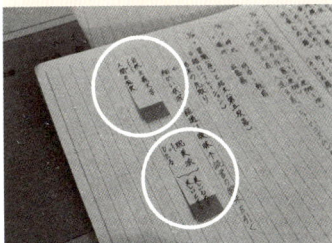

知识要点贴在笔记本上！

语文课的铁则就是成为**"笔记狂魔"**。

下面介绍一下，如何最大限度地利用日常的语文课，练习成为"笔记狂魔"。

①老师说的话一句也不能漏听

这个要求对每门课都很重要，但**语文课特别能够体现这种因果关系**。

例如，我们假设语文老师在上古文课时做了如下说明。请将自己代入这个场景，读一读下面的话。

对于老师的说明，哪怕只漏听了一个画线处，也会导致无法理解句意。

可以一边听讲，一边记下听不懂的、听漏了的地方，下课后立刻请教老师。

这里写有"正是"一词。因为"词尾是已然形"，所以我们明白这是"系结"结构①。

_____

① 此处以日语为例。——编者注

②**事先贴好便签，在便签上记录知识点和词句**

在语文课上，最具代表性的板书内容包括语法和重要词句。

做好马上就能在便签上记录的准备，然后再去做笔记。

做笔记时还要注意的一点是，要让自己的笔记能够便于在家里复习时使用。

③**将老师补充的要点不断地记录到便签上**

请将老师一边讲课文一边补充的下列要点总结到便签里。

☑ **小说——能够用于理解登场人物心情的"表达"和"场景的切换"**

☑ **议论文——理解"每个自然段的内容"。这些内容表达了作者什么样的想法和意见？具体论据是什么？**

☑ **古文**——注意其"语法特征""语句""用词"等方面与现代文的区别

学生往往没有时间一边抄写板书，一边思考把这些内容写到笔记本的什么地方为好，所以才要采用课后易于整理的便签来做记录。

④做练习，并且在考试前反复阅读便签，掌握要点

便签上汇集了来自课堂的第一手信息。

不能只是抄写知识，还要在课后进行整理和反复阅读，这样笔记才有意义。

抄写→总结、整理→重看

必须要习惯这一循环过程。

接下来要做的，就只剩下在家庭学习里一边锻炼阅读能力，一边**积累知识**了。

可以把课堂中出现的新词和不理解的用词先暂时写到便签上，在课后的家庭学习中再查找资料，弄清词义。

将知识点和词汇记录到便签上

画重点！ 降低做笔记的心理门槛高度！

尖子生的便签笔记

在对词语和事项进行总结时，不妨尝试一下这样灵活使用便签。

适合写在便签上进行总结的知识点有以下 3 种：

- ☑ ①教科书课文中不明白的词语
- ☑ ②惯用语、成语、谚语
- ☑ ③生词

当把①～③的**所有内容都记熟后，就可以把便签揭下扔掉了**。

对孩子来说，最关键的是要有拼命记住的决心。

用 3 个步骤彻底掌握课堂内容

①教科书课文中不明白的词语
②惯用语、成语、谚语
③生词

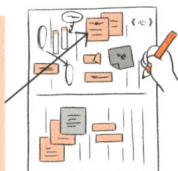

步骤1
抄写

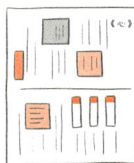

步骤2
总结、整理

步骤3
重看

画重点！ 仅仅是应对日常考试的话，只要掌握了用便签"强调"的知识点就基本足够了！

便签笔记法的活用——数学篇

数学学习中的便签使用技巧

很多学生表示"不擅长算术""不知道数学怎么才能学好"。

其实，数学是比其他学科都要注重"基本功"的一门课。**要不断认真地、仔细地重复基本功**。这种踏实的努力是数学学习中最为重要的。

尤其是**计算能力**，决不能忽视。

也就是说，计算的正确率和速度是数学学习的基础。好不容易明白了解题方法，如果计算不正确的话，就得不出正确答案。如果不能在规定时间内快速解题，就无法在考试中取得好成绩。

计算的正确率和速度是数学学习中必须具备的两个基本能力。

那么，怎样才能提高计算的正确率和速度呢？

方法就是"专注于实际操练"。

只练习与课堂上学过的例题或是练习题相同的题目也是可以的。计算能力和肌肉锻炼一样，通过坚持训练就能使正确率和速度得到有效提升。

如果某一个地方多次出错，那这里就是自己学习的薄弱之处，可以**在便签上记录下出现错误的原因，作为考试之前的学习提示**。

准备两种笔记本

学习数学时，需要事先准备好下面两种笔记本。

①课堂笔记本

用于抄写老师的板书内容，解答教科书上的题目和练习题时所使用的笔记本。

②**练习笔记本**

　　解答教辅及作业中的题目时所使用的笔记本。因为是以练习为中心，所以这种笔记本基本上是在做习题时使用。有的老师会要求学生在考试前做习题集并且提交，此时就可以提交这种笔记本。

数学学习的 3 个要点

数学的学习大致有 3 个要点。

要点①**彻底掌握基础问题**

要点②**彻底掌握图表**

要点③**充分练习解题**

数学学习中**理解→练习**的流程必不可少。

区分使用课堂笔记本和练习笔记本

课堂笔记

二次方程解法

$x^2 + 5x + 6 = 0$

解法

对左边进行因数分解

$(x+2)(x+3) = 0$

得出

$x = -2, -3$

二次方程是未知项的最高次数为2的整式方程

因数分解
↓
过后问老师

$x + 2 = 0$
$x + 3 = 0$

用于抄写板书,解答教科书题目的笔记本

练习笔记

问题 (1) $x^2 + 4x + 3 = 0$
$(x+1)(x+3) = 0$
$x = -1, -3$

(2) $x^2 - 6x - 16 = 0$
$(x-8)(x-2) = 0$
$x = -8, -2$

注意!要求解得数为0的( )中的x

用于解答习题集上问题的笔记本

画重点！ 将笔记本分为两类，加以整理！

接下来，我们就一一确认如何使用便签贯彻这一流程。

数学笔记① 标注基础问题

想要提高数学成绩，就必须记住基本的知识点和公式。

而要达到这一目的，我认为有一些需要坚持到底的基本做法，分为以下 4 个步骤：

步骤① 认真听老师的课堂讲解，务必透彻理解术语的意思和公式的使用方法。有疑问则记入便签，过后询问。

步骤② 把公式和定理写在便签上，贴在课堂笔记本的醒目位置。

步骤③ 琢磨巧记知识点的窍门，并做记录。

步骤④ 一边查看便签一边练习，直到记住为止。

其中，特别重要的是步骤③。

理解某个公式成立的原理，或者是通过谐音，甚至是牵强附会的联想也好，记下能让自己迅速想起公式的小窍门，这将对知识的掌握起到很大帮助。

数学笔记②制作公式图表

这一部分讲述能够更直接地提高分数的数学学习方法。

第一，要尽量**将图形画大**。如果要在便签上画图的话，请准备最大号的便签。之所以要画大图，是因为这样更方便大家在解题的过程中添加辅助线，以及标明长度、角度、比例等事项。

第二，尽量留出计算的空间。如果可以的话，我也想告诉学生时代的自己，不要因为过于想要充分地利

数学学习中彻底掌握基础知识的方法

二次方程式
$x^2 + 3x + 1 = 0$

注意这里

课堂上认真听讲、做笔记

疑问：
求解公式是什么？

用便签使公式、定理更醒目

琢磨巧记的窍门并记下来

求解公式

$x^2 + 3x + 1 = 0$

是这样吗？

原来如此

边看便签边练习，直到记住为止

画重点！ 通过 4 个步骤掌握基础知识。

用笔记本，而把计算步骤塞满所有的空间。

　　建议大家尽量**把笔记本每一页右侧的部分当作计算空间而留出余白**。这片空白不仅可以写计算过程，还可以粘贴便签，添加之后想到的解题要点，以及从老师那里得到的建议。

　　为图形和计算留出空间，这两者都可以让孩子们在使用笔记本时不感到局促，从而减少对补记工作的抗拒感。笔记不是写一次就完事的东西。为了更好地活用"便签笔记法"，请孩子们**一定要养成写笔记时留出充分空间的习惯**。

数学笔记③课后解题训练

　　在数学学习中，做习题是必不可少的。我平时教给学生们做习题的方法如下：

空间是图表的"命脉"

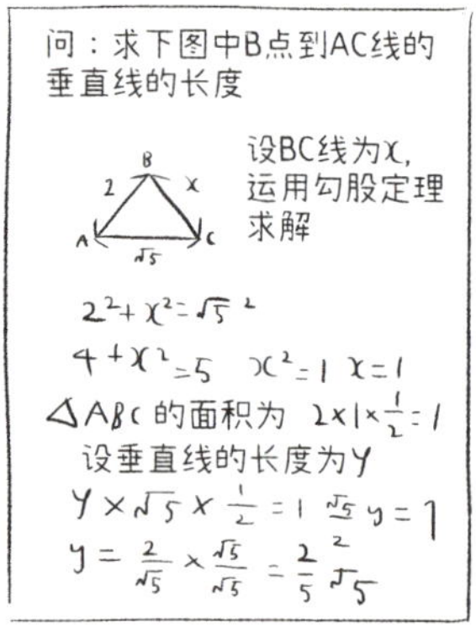

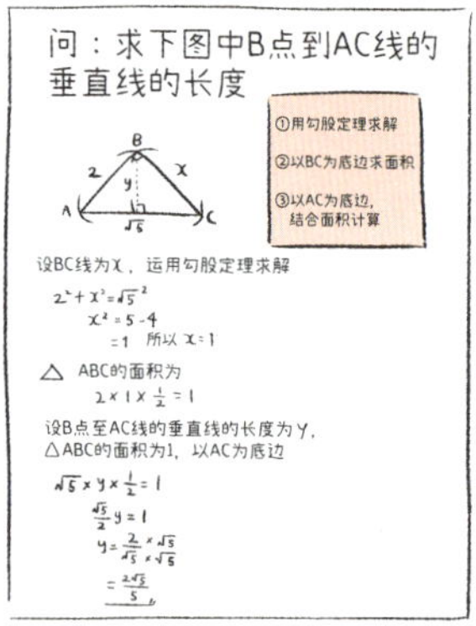

问：求下图中B点到AC线的垂直线的长度

设BC线为x，运用勾股定理求解

$$2^2 + x^2 = \sqrt{5}^2$$
$$4 + x^2 = 5 \quad x^2 = 1 \quad x = 1$$

△ABC的面积为 $2 \times 1 \times \frac{1}{2} = 1$

设垂直线的长度为y

$$y \times \sqrt{5} \times \frac{1}{2} = 1 \quad \frac{\sqrt{5}}{2}y = 1$$
$$y = \frac{2}{\sqrt{5}} \times \frac{\sqrt{5}}{\sqrt{5}} = \frac{2}{5}\sqrt{5}$$

×杂乱无章
×图形小，没有空白，看不清楚

问：求下图中B点到AC线的垂直线的长度

①用勾股定理求解
②以BC为底边求面积
③以AC为底边，结合面积计算

设BC线为x，运用勾股定理求解

$$2^2 + x^2 = \sqrt{5}^2$$
$$x^2 = 5 - 4$$
$$= 1 \quad 所以 \ x = 1$$

△ABC的面积为
$$2 \times 1 \times \frac{1}{2} = 1$$

设B点至AC线的垂直线的长度为y，以AC为底边
△ABC的面积为1，

$$\sqrt{5} \times y \times \frac{1}{2} = 1$$
$$\frac{\sqrt{5}}{2}y = 1$$
$$y = \frac{2}{\sqrt{5}} \times \sqrt{5}$$
$$= \frac{2\sqrt{5}}{5}$$

◎图形大，易于辨认
◎留白多，易于粘贴便签追加内容

画重点！ 一定要意识到"充裕的空间"和"充分的留白"的重要性！

步骤① 用课堂上学的新公式和解题法**解决多个当日的例题**。

步骤② 通过做标记和反复解题来**检查自己的理解程度**。

步骤③ 做习题时，首先应**完全掌握基础题和标准例题**。

在日常的数学学习中，孩子们没必要进行大量练习，只要明确当日在学校学的几个问题即可。因为**与其在周末花 70 分钟总结一周的功课，不如每天花 10 分钟复习效果更好**。

孩子们只要确认当天课堂上学到的知识能正确运用到解题中就足够了。

在家里学习时，最应避免的是**将题目放置不管**。一定要做好标记，并对自己做错的题目进行重新解答。如果出现无法理解的题目，就要像在课堂上一样，**把疑**

问点写到便签上，在第二天及时请教老师和同学。

如果将数学学习中的问题搁置不管，会对孩子今后的学习产生不良影响，不明白的知识点也会越积越多。

我在碰到不擅长学习数学的学生考试前的提问中，发现了一个小小的共通点——提问应用题解法的学生中，实际上有很多人都对一些基础知识还不甚明白。

在这里我建议先把应用题往后放一放，**先彻底搞清楚被称为基础题和标准例题的基础性内容**。当无论什么类型的基础题都能够完美解答后，再挑战应用题也不迟。

顺便说一下，所谓"完美"，**指的是不仅能够理解内容，而且能够自己解题**。

如果老师多次强调的题目是应用题，并且你无法立即解出的话，那请在便签上做记号，在最后阶段再着手求解为好。

写出疑问点是便签的基本用法

画重点！ 当遇到疑问时，无论是在课堂上还是在家里，都要马上记下来。

不会解的题目通过"答案解析"进行确认，并用便签做记号

学数学时常会遇到自己不会解的题目。如果孩子是中学生的话，也常会有请教父母，但父母答不上来的情况。

当遇到这种情况时，首先要做的是，**在便签上记录下不会的题目**。

如果孩子嫌抄写题目麻烦，也可以只写页码和题号。也就是说，把不会的问题先"储存"在便签上。

养成对不会的问题过后进行归纳思考的习惯，孩子就可以将精力集中于现在能够解答的问题上了。

假设我们对能解决的题目全部进行了解答，只把不能解决的"存"了起来，那么，对于不会解的问题又可以分为两种做法：

☑ **A 想办法坚持自己解答**

☑ **B 马上看答案解析，理解了之后再独立解答一次**

只看这些，大概很多人会认为做法 A 可以磨炼学习的韧性吧？

但是，让我们再分析一下这两种做法，看看它们分别会取得怎样的效果。

☑ **A 想办法坚持自己解答 ➡ "花 1 小时解决 1 个问题"的类型**

☑ **B 马上看答案解析，理解了之后再解答一次 ➡ "花 1 小时解决 10 个问题"的类型**

这样区分后就可以发现，在数学学习时较好的做法是 B。因为在现有的大多数升学考试中，**接触过多少题目，知道多少种解题方法是成败的关键**。

再介绍一下孩子答不出题目时的应对方法。

①不明白的时候，查看答案解析，弄懂解题方法

②不看答案，自己再次答题

③在便签上留下看答案后解题的标记

④一段时间后再次答题

　　在养成①这一习惯的过程中，孩子可能多少会有一些抗拒，请尽量放平心态来进行看答案的步骤。

　　因为最终的目的是理解并掌握知识，所以先看看答案和解析也不是坏事。我的指导方式就是要先看解答，然后反复进行练习。

　　重点在于，要一边看解答，一边思考"为什么会这样"。

　　如果还是不明白的话，则要请教老师以解决疑点。

　　理解之后就合上答案解析页，再次挑战答题。这时，最重要的是**能否一口气答出正确的答案**。

　　如果孩子不能圆满解答，则需重新阅读答案解析，再次解题。

如此反复。

一般来说，完成步骤②之后就会有成就感，但是从这往后才是更重要的。对孩子来说，可以认为**这种看了答案解析之后才会解的问题是弱项题目**。

我们的做法是使用便签将这种弱项醒目化，以减少复习时的麻烦。让孩子不断重复"通过看解析加以确认""不看解析也能答题"的过程，直到能够圆满解题为止。

如果孩子对解答教科书中的题目都感到困难，那么可以去书店购买配套的各类答案集或解题集。

利用好答案集或解题集是提升成绩的"捷径"，请务必告诉孩子这一点。

便签笔记法的活用——理科篇

理科学习中的便签使用技巧

可以说，理科是学生最"爱憎分明"的科目。

由于涉及做实验、模拟流程、运用工具，以及分析物体的结构等，需要记忆的不仅有语言，还有图表等其他知识点，所以很多学生会觉得十分麻烦。尤其是在高中课程里，物理、化学等科目的学习难度逐渐加大，孩子"讨厌"理科的倾向也就越发明显。

但是换一个思路来看，也可以说**理科是比较容易得分的科目之一**。因为它比文科的记忆量要少，也没有数学那样复杂的计算，它的文章比语文简单，语言比英语易懂（题目使用母语描述）。

对于理科的学习来说，笔记的总结方法固然重要，但最重要的是做好习题集。

只要理解了内容，**需要学生总结、记忆和计算的并不是非常多**。

此外，理科最大的魅力是贴近生活，如光、电流、原子与分子、天体、植物与动物等，理科是一门所学皆在身边的科目。

在学生时代，我并没有意识到这一点，直到现在才注意到了它的实用性。

下面就来谈一谈让孩子更深入理解理科的窍门。

准备两种笔记本

在学习理科时，学生需要准备如下两种笔记本：

①课堂笔记本

这与之前在其他科目中提到的一样，是用于抄写板书内容的笔记本。比起语文和数学，理科会涉及图表，所以孩子学会总结是非常重要的。

②练习笔记本

与数学一样，为了巩固知识，做一定量的练习是必不可少的。此外，孩子也可以将其作为总结实验结论和观察实验过程的笔记本。

理科学习的3个要点

对于理科的学习，大致有3个要点。

要点①**彻底掌握计算方法**

要点②**彻底掌握实验和观测方法**

要点③**彻底掌握图表的读取方法**

每个孩子都有其擅长和不擅长的地方，所以只需要关注自己较为薄弱的部分即可。

理科笔记① 掌握计算方法

下面介绍的是初中理科考试中经常出现的与计算相关的一类题目。理科，特别是在物理课和化学课中，常会出现一些与初中数学相关的计算题（高中生物课也会出现计算题）。

初中理科中常见的代表性计算题有：
- ☑ 求浓度
- ☑ 求电压和电流
- ☑ 与遗传知识相关的问题
- ☑ 力的计算
- ☑ 化学公式

不过，这些必须要进行计算的题目，与其他学科知识相结合所出的题目数量通常有限，不会太多。

并且终究是依据公式计算，学科考试中也几乎没有超出教科书范围的题目（升学考试另当别论）。

由此我们可以得出一个结论，即若能完全掌握教科书和习题集中的题目，则可以在学科考试中取得一个较好的分数。

所以，与数学学习一样，解题是至关重要的事情。可以明确地说，光看笔记是无法提高理科分数的。

理科考试中常会出现教科书和习题集中的基础题目，因此反复练习直至完全掌握这些题目是极为重要的。

下面介绍掌握理科计算题的几个步骤：

☑ ①理解关键词和算式的含意，掌握计算的方法

☑ ②记住公式

☑ ③在"练习笔记本"上解答作业中的题目

☑ ④不会的题目用便签做记号，反复求解

第一步是要理解老师在课堂上讲解的内容，如相关词语的意思，以及为什么用这种计算方法来求解等。

如果在这里"摔倒"的话，以后就无法应对与已学题目不同的其他问题的求解计算了。

此外，请在"课堂笔记本"上汇总要背诵的公式，在这种情况下使用便签，学生就可以在想用公式的时候进行贴换，非常方便。

学了新的公式和解题方法后，一定要在家里对教科书和习题集中出现的基础题目（与在课堂上做的题目完全相同也没关系）进行复习。

与学习数学的方法类似，这种努力十分重要，可以提高孩子的理科成绩。

做错的题目用便签做标记，翻看答案加强理解，然后再次解答。

养成这种学习习惯是彻底掌握理科计算题的"捷径"。

掌握理科计算题的 4 个步骤

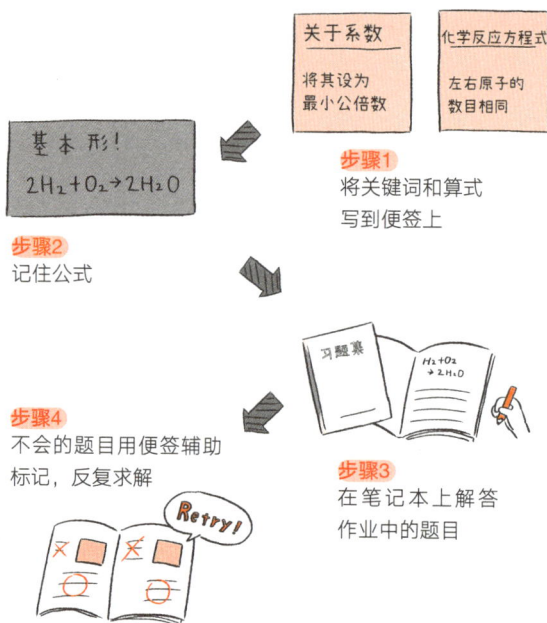

关于系数

将其设为
最小公倍数

化学反应方程式

左右原子的
数目相同

基本形!
$2H_2+O_2 \rightarrow 2H_2O$

步骤1
将关键词和算式
写到便签上

步骤2
记住公式

习题集

H_2+O_2
$\rightarrow 2H_2O$

步骤4
不会的题目用便签辅助
标记，反复求解

Retry!

步骤3
在笔记本上解答
作业中的题目

画重点！ 做错的题目用便签做记号，翻看解析，再次求解！

理科笔记② **巧记实验和观测**

对于实验和观测类内容，可大致分为需要在课堂上进行实际操作的和仅仅阅读教科书即可的两种。这里先介绍一下对于需要实际操作和观测的实验，希望孩子们能够做到以下 3 点。

☑ ①尽可能自己操作并确认实验和观测的过程

☑ ②在课堂上或是当天的复习中将实验和观测的情况总结到笔记本上

☑ ③在笔记本上完整记录实验和观测过程

实验和观测往往会分小组进行，在这种情况下，如果只是旁观的话，就太浪费机会了。**比起看到的和听到的，人们总是对实际操作的东西记忆深刻**，所以请孩子一定勤加动手。认真听老师的讲解，不懂的地方马上记在便签上贴入笔记本，以便过后再向老师请教。

对于实验和观测的记录，要趁记忆清晰的时候进行总结。可以另外制作"实验和观测笔记本"，如果孩子觉得要求太高，也可以直接在"课堂笔记本"上进行总结修改。此时不要忘记**对实验中记录在便签上的疑问点进行讨论，或是请教老师**。

步骤①②是知识输入的过程。在最后输出阶段的步骤③里，要将实验和观测的目的、使用的工具、顺序、结果、原理等事项记录到笔记本的空白页上。

从某种意义上说，步骤③中写不出来的部分就是考试中容易出错的考点。请把它们挑出来写到便签上，活用于今后的学习中。

怎么样？特别是对于步骤③这样的学习法，如果没有人告知的话，自己是很难想到的吧。（我就不记得自己在学生时代用过这种方法。）

关于步骤③再做一点小小的补充。

"实验目的是什么？"

必须事先了解究竟为何做实验。

有不少考题都与实验目的有关。

"实验方法呢？"

这是考试中经常出现的内容。学生在进行使用容器、试剂等操作时，一定要记住其名称、构成以及使用方法。**把每一步程序写到便签上，然后按照正确的顺序排列**，这是一种有效的学习方法。

"实验结果如何？"

要记住实验的结果。有的考题会让考生分析实验失败的原因。

教科书和习题集中的记录，老师做实验时的步骤等都不要遗漏。

如果是初中生的话，在中考之前最好能达到把**水蕴草的光合作用实验、蒲公英的观查、碳酸氢钠加热实验、气体的收集方法**等代表性实验的目的、程序、工具、结果等内容都能顺畅写出来的程度。

尖子生的便签笔记

实验和观测中需要掌握的要点

要点1
尽可能地积极参与

要点2
当天总结实验和观测情况

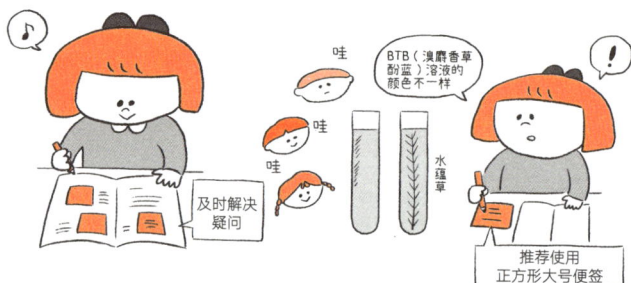

要点3
回顾实验

理科笔记③制作要点图表

学习理科也需要学生具备读取图表的能力。

而且，不仅仅要通过图表了解实验结果，**还必须思考实验是什么意思，有什么目的。**

下面就说说读取图表时要注意的一些问题，以帮助学生加深理解，取得好成绩。

- ☑ ①思考该图表有什么意义和目的
- ☑ ②经常检查可以从中获取的信息
- ☑ ③掌握如何获取信息的具体方法

既然出现了图表，就必有其存在的意义。

当然，并不是所有的图表都一定会被记入教科书中。

"为什么会有这样的图表？"请让孩子养成这种思考的习惯。观察图表时是否真正理解了它的含义，产生的学习结果也会有天壤之别。

下述是可以从图表中获取的信息：

☑ ①比例和反比例等关联性

☑ ②温度和湿度等物理量的变化

☑ ③各部分的名称和形状

这不过是其中一例而已，搞清楚图表所呈现的信息，是非常重要的一项工作。

在考试中也常常会出现这样的考点。

实验和观测也是如此，从某种程度上来说，它们的出题范围是有限的。因此，只要学生平时认真完成相关作业和习题集，通常就能够提高从图表中获取信息的能力。

图表中既有一看就懂的信息，也有需要通过简单计算，或是稍经推测才能理解的信息。

要想能够自如地应对各种题型，就需要多做习题进行演练。

对于多次求解仍然会出现错误的题目，学生可以

彻底掌握理科图表的阅读方式

要点1
思考其意义和目的

〈岩层〉

同一层

要点2
检查可以从中获取的
信息

上面逐渐
增加新的岩层

把需要特别留意的
东西写到正方形便
签上

①注意相同岩层
②对沉积岩而言，
岩层越老其位置
越靠下

好了!

要点3
将读取的方式写到
便签上

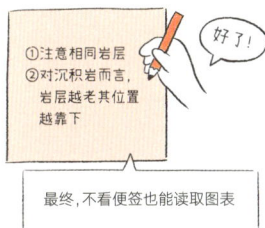

最终，不看便签也能读取图表

111

将出错的关键点写在便签上做记号。

　　这样即使考试前时间紧张，也可以只着重看便签上的问题，以有效地强化对弱点内容的认知。

便签笔记法的活用——文科篇

文科学习中的便签使用技巧

文科是一种只要好好学通常就容易出成果的科目。对初、高中生来说,最容易让人切实感受到"只要行动就有效果"的课程就是文科了。

文科是 5 门主课中需要记忆内容最多的一门课,同时,也是一门只要扎实背诵,分数就会相应提高的课程。

所以,如果孩子在为 5 门主课的成绩应如何提升而发愁的话,我建议首先彻底背诵文科的知识。

虽然学生间有个体差异,但是仍然建议运用后叙的技巧进行背诵,或者是通过多做作业或教辅书上的习题来掌握知识。

同一类题型重复 10 遍,甚至 20 遍,就一定会收到效果,并因此让孩子变得更自信。

准备 3 种笔记本

在学习文科时，学生需要准备以下 3 种笔记本。

①课堂笔记本

这是和其他科目一样，抄写课堂板书用的笔记本。文科的特征在于其所包含的信息范围广泛，因此做笔记时要留有余白，以备之后不断补充信息，如利用便签来进行补记。

②练习笔记本

解题用的笔记本，也可以活用，如作为习题集。

③总结笔记本

便于了解知识结构的笔记本。孩子可以用它个性化地归纳整理必须记忆的内容和理解起来较困难的重要事项。

"总结笔记本"属于比较高级的技巧，所以孩子若有负担的话，也可以用课堂笔记本来代替。

学习文科需要准备的 3 种笔记本

课堂笔记本
抄写板书的笔记本

推荐使用正方形便签写要点

〈镰仓幕府的构成〉

将军
执权
中枢
政所
问注所
侍所

中央和地方的区别

留有较大余白

之后可以用长方形便签进行遮挡

练习笔记本
解答习题集和参考书上习题的笔记本

① ___
② ___
③ ___
④ ___
⑤ ___
⑥ ___

将经常出错的题目汇总在便签上

总结笔记本
学有余力时尝试做一下

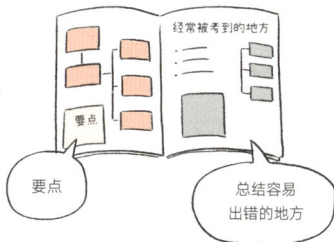

经常被考到的地方

要点

要点

总结容易出错的地方

文科学习的 4 个要点

对于文科的学习，大致分为以下 4 个要点。

要点①彻底掌握教科书的使用方法

要点②彻底掌握有效的记忆方法

要点③彻底掌握具体科目学习诀窍

要点④彻底掌握练习题

这些都是基本的学习方法，如前所述，要与孩子达成这样的共识——"文科只要行动就有效果"，帮孩子逐一掌握各个知识点，从而提高这门课程的成绩。

文科笔记①标记课本重难点

对文科的学习来说，如何对知识进行良好的吸收是关键。而要做到这一点则取决于孩子对教科书的使用方法。下面就谈一下这个问题。

可能有人会认为"教科书用法之类的都是些琐碎的事情"。但是，这些细微之处的积累却会为孩子今后的学习带来巨大的回馈（如果将其想象成"零存整取"，大概会更容易明白些）。

如何有效地使用教科书，并充分理解书中的知识，我认为需要以下 4 个步骤。

步骤① 认真听讲，仔细阅读教科书

步骤② 通过查资料和询问弄懂不理解的词语或句子

步骤③ 记住重要语句

步骤④ 认真阅读相关图表，将必要的信息追记到"课堂笔记本"中

孩子认真阅读教科书中的课文，并能独立理解是很重要的，因此要明确自己理解的部分和不理解的部

分。阅读时要全神贯注，努力做到不遗漏重要内容。

只要认真听讲，大部分课堂内容都可以理解。若有不理解或想询问之处，就要记到便签上，过后进行讨论和总结，并向老师请教。当日的问题当日解决是最理想的状态。

此处有个建议，在向老师请教之前，**请把想问的内容提前在便签上总结好**，这样也会节省老师的时间。

请务必让孩子们尝试一下。

还有一个关于如何记笔记的建议。文科考试题中经常会出现与课文搭配的图表，要想做到全部亲手绘制是不现实的，我推荐几个通用的方法：

①复印重要的图表
②将①中的图表剪下来贴在便签上
③将便签贴到笔记本上

如果图表过大的话，可以直接贴到笔记本上。

文科笔记②独特便签记忆法

文科是一门需要大量记忆的课程。如术语、年份、时代、图表等，有各种各样的信息需要记忆。

结合前面的内容，这里介绍一下使用"便签笔记法"进行有效记忆的 3 个步骤。

> 步骤① 认真地反复阅读教科书、资料集和"课堂笔记本"
>
> 步骤② 以教科书的左右两页为单位进行反复背诵
>
> 步骤③ 使用"总结笔记本"进行记忆

反复阅读教科书、资料集以及"课堂笔记本"时需重点注意：

能否**正确书写**之前**不会读的字**，以及**不理解的词汇**？

尖子生的便签笔记

这些都是与考试成绩直接挂钩的内容，所以需要事先检查自己的记忆是否准确。包括检查上课时标记有疑问点的便签，若还有没透彻理解的地方，也要将其写到便签上进行二次复习。

对于文科的学习，不仅需要添加标记帮助记忆，还必须通过抄写来加深记忆。因为孩子能否在考试中准确书写知识点是非常重要的。

认为只用眼睛看就能牢记知识的想法最危险。

孩子在背诵时，以教科书的左右两页为最小单位进行记忆，读了之后写，写完再读，如此反复非常有效。

在这个过程中，可以将不易记忆的部分提炼到便签上，作为考试前的"记忆检查卡"使用。

另外，还可以使用"总结笔记本"整理归纳关键知识点。

对不擅长文科的孩子来说，能做到步骤②就已经足够了。如果想要更上一层楼的话，步骤③就必不可少，它可以帮助孩子对学到的知识进行有机整合。

文科笔记③具体科目学习诀窍

下面，我来介绍学校和课外班的老师们都知道的，文科各门课程的学习诀窍。

历史课程的学习

在初中、高中阶段，历史都是一门重要的文科课程。

历史课程 的学习诀窍

- ☑ 不能只记忆人物和时间，关键是要理解历史的整体发展
- ☑ 为了能够整体把握历史，可以阅读通俗易懂的历史读物和漫画
- ☑ 反复练习解答基础题

用便签学历史

步骤1

把关键词写到长方形便签上

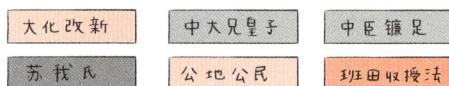

大化改新	中大兄皇子	中臣镰足
苏我氏	公地公民	班田收授法

步骤2

用便签进行补记,完善历史事件之间的关联性说明

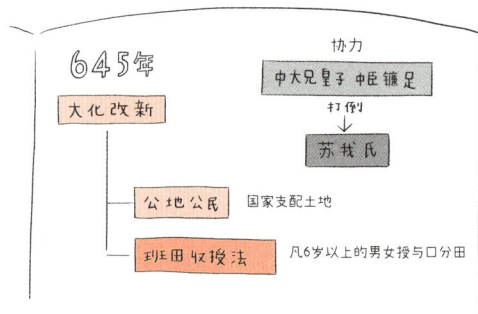

645年
大化改新

协力
中大兄皇子 中臣镰足
↓ 打倒
苏我氏

公地公民 —— 国家支配土地

班田收授法 —— 凡6岁以上的男女授与口分田

步骤3

不作任何参照,可以写出相关内容

画重点! 整体把握历史,反复练习解答基础题!

地理课程的学习

学生在初中、高中阶段需要掌握的地理知识难易度不同，但基本的学习方式是一样的。

地理课程 的学习诀窍

- ☑ 地点和名称是必记的内容，除此之外，地理的基础知识和统计数据等也是常见考点，所以相关资料都要认真阅读
- ☑ 为了能够把握知识体系，可以阅读通俗易懂的地理读物。特别是一些明晰易懂的统计数据，可以复印后粘到便签上，贴于随时能看到的地方
- ☑ 反复练习解答基础题

用便签学地理

步骤1
用便签遮盖教科书中经常被提问的部分

步骤2
在习题集上,用便签写明出错的部分

步骤3
考试前,复习便签上的内容即可

画重点! 如果有不明白的地方,当天向老师请教!

政治课程的学习

日本的政治课程包括初中要学的公民课和高中的现代文科与政治经济课。

政治课程 的学习诀窍

- ☑ 在记住名称和术语的基础上，把重点放在理解相关的结构体系上
- ☑ 阅读通俗易懂的读物和漫画，同时多关注生活中的相关话题
- ☑ 反复练习解答基础题

用便签学政治

步骤1

和地理一样,将关键词写在长方形便签上

| 国会 | 内阁 | 法院 |

| 国民 |

步骤2

使用便签说明事项之间的关联性

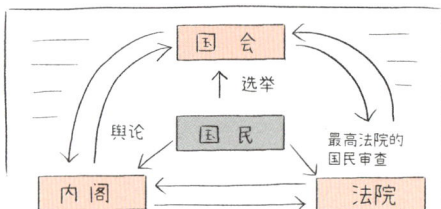

步骤3

达到不做任何参照就能写出的程度

画重点! 要对新闻等日常生活中的话题感兴趣,以便了解社会的整体情况!

文科笔记④ 彻底掌握练习题

前面提到了要做习题和模拟题，注意不要只是单纯地解题，而是要抓住解题要点，从而更高效地记忆。学生在做习题和模拟题时还有如下 5 个诀窍：

诀窍① 第一次解答时，**不要直接在习题集上写答案。** 不要将答案直接写在习题或模拟题集上，而是写在练习本上，以便反复练习。

诀窍② 有意识地**快速解答。** 考试对学生的答题速度是有要求的。要以面对正式考试的心态来答题，高度集中注意力。在这种情况下，遇到不会的问题暂时跳过更容易制造考试的氛围。

诀窍③ **以教科书的左右两页为单位做标记，反复做题。** 这是控制学习节奏的重要方法。养成解答后马上确认答案的习惯，有助于学生更深入地理解知识点。

诀窍④ **从理解基础知识开始。**知识的难度分为基础、标准、应用3个层次，首先要彻底理解基础知识，之后再深入学习。有时也需要根据自己的水平调整学习内容。

诀窍⑤ **多次重复**直至牢记。不多次重复就难以深刻记忆，这是已得到脑科学证明的事实。请学生反复学习现在所学的内容，直到大脑认识到其重要性并将其牢牢记住为止吧！

在解题的演练过程中，学生可以**将不会的问题和无法充分理解的内容，陆续写到便签上。**

针对便签上的内容，通过查阅教科书和参考书，或是向老师请教，来进行充分复习。

便签笔记法的活用——英语篇

英语学习中的便签使用技巧

首先想说明的一点是，**英语课是以"量"取胜的科目**。读的多、记的多、说的多，有了大量积累，才能学好英语。

很多英语学得好的人都喜欢听西方音乐，例如，披头士乐队的歌或爵士乐等。的确，如果经常听西方音乐，就会对英语有亲近感，学起英语来也会更为顺畅。

不过，这里也有需要注意的地方。

即使幼年时期有听、唱英语歌曲或使用英语做语言类游戏的经历，升入中学后也未必就擅长英语学习。其原因在于对中学生来说，英语写作成了其学习目标之一。

尖子生的便签笔记

日本如今（至执笔本书时为止）的现状是，无论中考还是高考，凡是涉及英语科目，若孩子不擅长用英语写作，则不会被任何学校录取。

也就是说，不管多么喜欢英语，如果英语写作能力达不到一定水平的话，英语就很有可能成为拖后腿的课程。

基于这一现实，我们可以得出这样的结论：**英语学习中重要的一点是做好笔记。**

（幼儿园和小学时代）

（初中、高中时代）

准备两种笔记本

进行英语学习时，需要准备如下两种笔记本。

①**课堂笔记本**

用于预习、复习功课的笔记本。原则上，要按照学校老师的要求来做笔记。如果可能的话，建议孩子将课本中的课文复印下来贴在笔记本上。有的老师会要求学生提交笔记，并将其完成情况计入总分。请在老师的指示范围内使用便签，认真进行总结。

②**单词、惯用语笔记本**

用于记忆单词、惯用语等的笔记本。因为它与课堂笔记本不同，所以使用方法也不同。

这个笔记本不是写给老师看的，而是学生为了自己更好地学习而使用的。

英语学习的 3 个要点

英语的学习包括以下 3 个要点。

要点①彻底掌握单词和惯用语

要点②彻底掌握句型

要点③彻底掌握英语长篇文章的阅读

下面，我就如何使用便签来实现以上 3 个学习要点进行说明。

英语笔记① 标记高频单词及惯用语

单词和惯用语可以说是英语学习中的基本内容。虽然翻译长文时，意译（无视不懂的单词，只抓住大意）非常重要，但若是完全不明白单词和惯用语的意思，那也是很棘手的。

对不擅长背单词的孩子来说，即使嫌麻烦也要制作**"单词、惯用语笔记本"**，这是学好英语的一条"捷径"。

可以给这种笔记本设计一个固定格式，简单来说，就是先将本子纵向分为 6 份。在上面分别标记"确认""序号""单词""词性""词义""例句" 6 个项目，构成基本形式。学了新单词后，就将其按类别记入其中。

然后，一边看"单词、惯用语笔记本"，一边书写单词进行记忆。

在这里需要特别注意：

要开口说出单词或惯用语的"发音""词性""词义"，因为这样"手耳并用"会更容易记忆。

先从制作"单词、惯用语笔记本"开始吧

彻底掌握单词和惯用语是攻克英语的"捷径"！请坚持把新单词写到本子上。

步骤1
把笔记本纵向分成6份

确认	序号	单词	词性	词义	例句
	㊵	yesterday	副词	昨天	It was rainy yesterday. 昨天下雨了。
	㊶	the day after tomorrow	惯用语	后天	I will go the day after tomorrow. 我后天去。

步骤2
写上确认、序号、单词、词性、词义、例句这6个标题

步骤3
学了新单词和惯用语后，就写到笔记本上

画重点！ 大声朗读单词和惯用语的词义等信息！

134

这里就要用便签来进行下面两个步骤的确认。

步骤① 只能看到单词（惯用语），除此之外的部分都用便签遮盖➡ 确认自己能否准确读出单词（惯用语），并说出其词义。

步骤② 只露出"词义"一栏，除此之外的部分都用便签遮盖➡ 确认自己能否准确书写单词。

完成这两个步骤后，如果这两个步骤都能完成，就在"确认"栏中打√，还不够熟悉的单词（惯用语）画×。然后反复练习画×的单词（惯用语）。

活用这种"单词、惯用语笔记本"的**最大好处是，学生可以同时掌握"能读""能写""能用""能听懂"这4 个要点**。

虽然一开始要费点儿功夫，但是一旦掌握了单词或惯用语，也就拥有了最基本的英语能力。

希望没有用过这种搭配组合式学习法的孩子们都能够尝试一下。

在"单词、惯用语笔记本"上添加便签

制作好"单词、惯用语笔记本"后，接下来就进入记忆阶段了。用便签进行遮盖，以检查自己对内容的记忆。

步骤1
用便签遮住单词或惯用语以外的部分,检查自己对"发音""词义"的掌握

确认	序号	单词
✓	㊵	yesterday
✗	㊶	
检查!		

词性	词义	例句
副词		It was rainy yesterday.
惯用语	后天	
		我后天去。

步骤2
用便签遮盖"词义"以外的部分，检查自己能否写出单词

步骤3
完成步骤①,打√;没有掌握,打×

画重点! 针对出错的单词反复学习，直到可以打√为止!

英语笔记② 标记常用句型特点

如果将学英语类比为做衣服，那么单词就是"线"，句型是用其织成的"布"。如同没有布料就无法做成衣服一样，掌握句型也是英语学习的基本功之一。

下面介绍学习句型的 4 个步骤，请苦于英语学习的孩子们一定多加实践。

步骤① 将教科书上的句型写到"课堂笔记本"上

步骤② 一边确认句义，一边多次练习书写

步骤③ 解答习题集和参考书上的题目，搜集与该句型相关的各种问题

步骤④ 复习经常出错的题目

从步骤①到步骤④反复进行，这样自然就能熟练掌握该句型了。

用于掌握句型的 4 个步骤

步骤1

将句型写到"课堂笔记本"上

> （例）I want to go to the sea（我想去海边）
> 动词不定式："want to+动词原形"
> 构成"想做……"之意

原样抄写该句

步骤2

多次练习书写

I want to go to the se
I want to g

步骤3

接触与该句型相关的各种问题

（例）I want to go
to the sea
词语替换练习
使用词组
"play the guitar"
进行表示"我想……"
之意的造句练习。

嗯……

步骤3

复习经常出错的题目

He want to plays the guitar.

啊!

138

此外，孩子也可以使用便签检验自己是否记住了句型。

用便签检验句型记忆的方法：

- 1 张便签上写 1 个句型
- 如下图所示，将笔记本分为"需记忆"和"记住了"两部分，将便签贴到"需记忆"的页面
- 解决了问题，或是记住了知识点后，将便签改贴到"记住了"的页面
- 考试之前，对留在"需记忆"部分中的句型进行最终确认

如此一来，哪些句型记住了，哪些句型没记住就会一目了然，从而明确自己应该加强学习的部分。

"单词、惯用语笔记本"中也可以酌情加入这样的页面，用于检查自己的记忆成果。

用便签检验对句型的记忆程度

步骤①
将写有句型的便签贴在"需记忆"页面

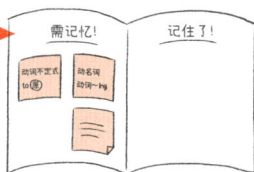

步骤②
记住了句型后，就将便签改贴到"记住了"页面

记住啦 ♪

画重点！ 考试之前，重点复习"需记忆"页面中的句型即可！

英语笔记③ 提取长篇文章阅读要点

英语学习的进阶阶段就是对英语长篇文章的阅读。

更加详细的应试解题技巧留给其他书去讲解，在这里，我只为苦于英语学习的孩子们介绍一下英语长篇文章的学习方法。

对于英语长篇文章的阅读对策，请一定尝试第 3 章提到的便签的通用技巧②，即**把"想要背诵的部分"用便签遮盖起来**。这个方法尤其适用于学期考试中的长篇文章阅读理解题。

因为在**英语考试中，容易考查惯用语、连接词和动词活用等知识的填空题**。

准备符合教科书中课文排版尺寸的长方形便签，或是将教科书进行扩印、缩印，以便于用便签进行遮盖，如此可以提高孩子的学习效率。

此外，针对英语长篇文章的阅读训练，请孩子们在记住以下 4 点的基础上阅读文章。

英语的长文阅读，也可以用便签来攻克

需要记住的部分用便签遮盖起来,就形成了
独特的填空题!

Eating at restaurants is a fun part of ▮▮▮▮▮▮▮
There's always one problem, tipping. Which
restaurants do you tip at? How much do you
leave? Who do you give it to?

▮▮▮▮▮▮▮ you never tip at fast-food
restaurants. If there's counter service, look on
the counter. If there's a tip jar next to the
register, then tips are accepted. Feel free to
drop a dollar into the jar.

If the restaurant has table service, you should
tip your server. Many servers get paid less
than half of the ▮▮▮▮▮▮ wage. Waiters and
waitresses depend on tips for their pay.

画重点! 可以直接把便签贴在教科书上，也可以扩
印、缩印教科书后再贴上便签！

英语长篇文章阅读学习的 4 个要点

对于英语长篇文章阅读的学习，有以下 4 个要点。

①大声朗读长篇文章

②查一查不会读的单词、不明用法的句型，直到全部解决

③一句一句地认真理解文章

④阅读时注意发音和语调

英语学习离不开阅读文章。可以说，英语是通过眼、耳、口来共同学习的课程。

英语不断进步的人大多有每天朗读英语文章的习惯。

因为通过每天朗读，**不仅能记住单词和语法，而且像发音、音调、节奏等，这些英语学习中的必备的基本功也会自然而然地印在脑中。**

大声朗读还能提升听力能力（练成"英语耳朵"）。

再加上语速的变快，结果就是在相同的时间里，学生可以掌握更多的知识。

在朗读过程中，遇到读错和不理解之处就贴上便签，然后进行精读。问题解决后，孩子可以在便签上添加"OK"标识，收获满满的成就感。

坚持朗读长篇文章，会获得**"用英语理解英语"**的能力。最初可能会花费一些时间，但如果长期坚持，不仅能够加快阅读速度，还能提升理解文意的效率。

可以让孩子尝试一下，从自己能力范围内的文章开始，如大声朗读当天学过的内容，或用朗读的形式预习第二天要学习的内容。方法虽然简单，但是效果着实显著。

请一定让孩子们脚踏实地地去实践。

第 3 章　总结

- 针对 5 门基础课程，便签有 5 个通用技巧，即"标记高频知识点""快速记忆要点法""绘制要点速记图表""制作速查知识索引""设置思辨问答题"。请孩子将这些技巧与每门课程的特点结合使用。

- 语文学习的重点在于"基本的阅读能力""不同类型文章的解题策略""课堂知识"。

- 数学学习的重点在于"基础题目""图表""习题演练"。

- 理科学习的重点在于"计算题""实验及观测""图表的读取"。

- 文科（历史、地理、政治）学习的重点在于"教科书的使用方法""高效的背诵技巧""习题演练"。

- 英语学习的重点在于"单词和惯用语""句型""英语长文"。

能够高效记忆的"啪啦啪啦背诵法"

这次介绍一个对于记忆单词、惯用语以及句型十分有效且有趣的"便签学习法",即在便签的正反两面写上想要记住的内容,然后一边啪啦啪啦地翻阅,一边记忆。

我把这种方法称作"啪啦啪啦背诵法"。

以英语为例,在便签正面写上英语单词,反面写上词义。

听上去好像也没什么特别之处,但是在快速翻阅的过程中,字迹就会映入眼中并留下记忆。

意外的是,使用这种方法的人并不多。

其实这是一个既不需要占太多空间,又能发挥便签优势的小技巧。

这种巧用便签正反两面的方法,也可以应用在古文的学习上。

"要记忆的东西那么多,没时间了啊……"如果考试前有这种心理的话,就请试试这个方法吧。

学习有乐趣!

想知道更多!

加油!

第4章

让学校生活更有规律的"便签笔记法"

掌握课程内容!

理清思路!

"便签笔记"
在学校生活中的用法

便签在日常生活中也能发挥作用

在本书的最后一章，我想介绍一下**除了学习之外，孩子们在学校生活中还有哪些地方可以活用便签**。

亲爱的读者，您在日常生活和工作中是否也经常使用便签呢？即使不常用便签，可能也会发现很多有用的"便签活用法"。

不妨找一找适合自己的便签使用方法吧！

"自由自在"的日程管理

请先看一下下面这幅图。这是我教的学生利用便签进行日程管理的真实照片。

仔细观察就会发现，他没有将所有日程都直接记在手账上。

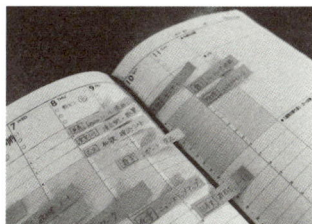

这是"便签笔记法"的技巧之一，将笔记本（手账）当作底衬使用。这样做有如下好处：

- ☑ 当日程有变化时，只需要更换便签即可
- ☑ 若有没完成的任务，将该便签重新贴入第二天即可
- ☑ 由于便签颜色不同，因此更易于分类、读取

尖子生的便签笔记

顺便说一下，据说适合贴便签的手账比较难找，但其实该学生使用的手账是学校统一分发的物品。

如果找不到符合手账上日程框大小的便签，也可以自己裁剪大尺寸的便签（这名学生就是这么做的）。

学生必须清楚的学校日程，大体可分为 3 类：

- ☑ **①作业或课题等的提交期限**
- ☑ **②期中、期末考试和小测验的具体日期**
- ☑ **③与学校活动相关的事宜**

①和②与学习成绩直接相关，并且①的日程需要随时提醒，所以将其记入便签，有利于随机调整。

③涉及的事项几乎不会有大的变动，所以直接

写入手账中也没什么问题。

特别是在期中、期末考试期间，有不少老师会在常规复习之外，布置其他需要提交的课题。如果学生们只关注考试复习，而忘记了提交课题作业，那就本末倒置了。

强烈推荐使用便签来管理日程，这样可以更好地将精力集中到最紧急和最重要的事情上。

一网打尽目标任务

孩子们常常必须同时完成多项不相干的任务，如学校和补习班布置的功课、班级与社团组织的活动、学校安排的活动、兴趣班和补习班等。

当然，父母也可以帮忙管理，但这样会使孩子永远也无法学会独立。中国有句古话叫**"授人以鱼，不如授人以渔"**，对待孩子同样应该如此。

如果孩子因为"要做的事情太多，忙不过来"而陷入混乱无序的状态，那就让他首先把要做的事情写出来，使其可视化。

把任务可视化可以让目的清晰明了。然后，一件一件地着手行动，就会**避免孩子在不必要的事情上浪费时间**。

把任务写出来还有一个好处就是，可以避免在头脑中考虑过多的事情，只将精力集中到一点上。

首先，列出"To Do 清单"。这时使用较大号的便签比较好，我称之为"To Do 便签"。"To Do 清单"也有专用便签。

此外，还有一个小小的窍门，就是在项目前面画一个确认框。当孩子完成任务时，就在里面打√，这样可以让自己更有干劲儿。

为什么要在便签上写上"To Do 清单"呢，因为这样就可以在各处贴换，并能够让自己时常看到。

如果可以的话，最好养成一天写一张"To Do 清单"的习惯。

就我自己而言，长期坚持这些小小的努力，获得了下面这些成果：

用"To Do 便签"治疗拖延症

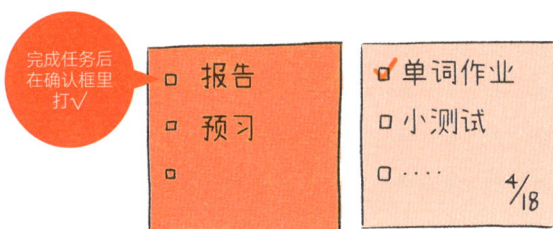

完成任务后在确认框里打√

☐ 报告
☐ 预习
☐

✓ 单词作业
☐ 小测试
☐ ····
4/18

- ☑ 一边担任高中老师，一边完成了 9 本著作
- ☑ 在全国范围内开办学习相关的培训和讲座
- ☑ 为网站和杂志执笔连载文章
- ☑ 每天更新博客（截至写作本书，已经连续更新 2 600 天）

列"To Do 清单"本身是一个小习惯，但坚持下来却效果显著。不要将这个方法据为己有，邀请父母和孩子都养成做"To Do 便签"的习惯吧！

提醒目标完成截止日期

在这里，我想问大家一个问题，为什么岁末年初时人们普遍会斗志昂扬？

我想，这是因为此时进入了一年的倒计时阶段。人们**总是会在临近结束时才能体会到时间的宝贵**。

我将其称为**"倒计时效应"**。

在日常生活中，这种"倒计时效应"随处可见。

假如现在距离期末考试还剩一周，那孩子们一定在为了考试而全力复习。

但在这种情况下，比起盲目学习，有计划的、高效的复习更能让人获得成就感，也更容易提高成绩。

利用"倒计时效应"制作的便签如下所示：

用"倒计时效应"达成目标

☑ ①写出考试之前必须做的事情

☑ ②把要完成的任务按周划分，然后把每天

　　要做的工作写在一张便签上

☑ ③根据任务的急缓顺序写下

　　截止日期（还剩 X 天）

☑ ④叠加式粘贴便签

☑ ⑤一边学习一边进行确认，每天翻看

□英语单词本
□数学习题集
距离考试
还剩 5 天

　　这就是前述"To Do 便签"的实际用法，做好后能给人一种翻页日历的感觉。

　　此法也可以用在学习之外的事情上，如必须承担的班级任务、文化节和体育节的准备等，对于这些规定了期限和日期的事情，请一定运用这种"倒计时效应"实践一下"便签活用术"。

画重点！	重叠粘贴，像翻页日历一样！

设计便签交流工具

在当下这个电子产品盛行的时代，人们也开始重新认识到了手写的好处。

我在收到学生提交的作业时，如果看到附有写着如下这类语句的便签，那由眼前堆积如山的待批改作业所引起的郁闷就会一扫而光，心也感到温暖起来。

"拜托您了！"

"过后想请教您问题。"

"这是我努力做出来的！"

此外，我还常常从实践"便签笔记法"的学生那里听说，同学之间互借笔记和文具时，如果添加可爱便签并附加感谢之词的话，会被认为很有礼貌。

如果您的孩子也是"便签笔记法"的实践者，请一定让他尝试一下这种将便签当作交流工具的活用法。

若是平时身边就有备便签，那你只要稍稍用心就可以做到。除此之外还可以常备一些留言用的便签。

让我们以借笔记的场景为例。在这种情况下，**最适合稍稍用心在便签上添加话语道谢了**。

谢谢你
借给我
笔记。
超级
易懂呢！

有时也可以尝试着把对老师、朋友，甚至是对自己想说的话写到便签上。

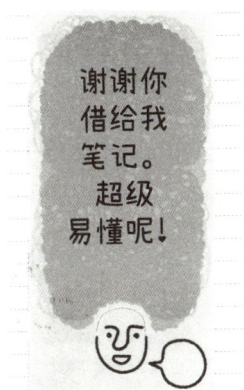

用便签传达感谢之情吧！

157

借助便签产出创意

在孩子们的学校生活中，经常会有征集创意的活动。这种场合下，便签也可以一展身手。

学校的文化节和体育节、班级里的文体活动，以及不同班级的团体学习等场合，往往需要学生们想点子、出主意。对此，孩子们在笔记本上分条列举创意是较为常见的做法。

但是，想点子的过程通常需要经历如下 3 个阶段：

①构思创意 ➡ ②对想出的创意进行取舍 ➡ ③整理创意

此时，还像往常那样在纸上书写条目的话，一旦修改就要花费不少时间，而使用便签则会方便得多。

再介绍一下实际使用便签产出创意的过程。

①构思创意

首先，贴上几张空白便签，自由地写上创意。这时只有一个规则，就是**1 张便签上只写 1 个创意**。不需要考虑内容的顺序，以及创意是否合适。

总之，先把创意想出来是最重要的。

②对想出来的创意进行取舍

当创意构思得差不多后，就可以转移到选择取舍上了。舍弃掉现实中难以实现的、时间上难以保证的创意。

建议学生们**不要只是单纯地舍弃某个创意，还应该添加上不予采纳的理由**。因为一旦问题得到解决，有的创意可能还会被重新启用。

③整理创意

最后，整理在阶段②中筛选出来的创意。

分组也好，按顺序排列也好，**只需要更替便签就可以轻松做到，不怕出错**。

本人在收到校内培训和讲座的委托，思考其内容时，也会运用这个便签技巧。

以前是将其写在普通的纸上，自从使用便签后，**从构思创意到信息整理都变得更加顺畅**，而这也是该方法的一大特征。

如果在阶段①构思创意时，已经设置了诸多限制，那么就会减少产出优秀创意的可能性。

重要的事情多说一遍：首要的目标是**大量构思创意**。

家里也好、学校也好，在各种需要产出创意的场合，大家都可以一试此法。

用便签产出创意

①大量构思创意

文化节班级活动策划

②进行选择取舍

③整理创意

画重点！ 产出创意，大量构思是关键！

便签引领梦想实现

能够实现梦想的人都有某些共通点。

这种共通点究竟是什么呢？我的答案如下：

总是向着梦想奋勇前进。

无论是大人还是孩子，有时都会为日常生活所累，不知不觉中忘记了追寻梦想。

此时就要借助潜意识的力量了。

具体而言，就是要设置每天"凝视梦想"的时间。

把自己的梦想用文字描述出来也好，把自己理想的状态用照片或图像呈现出来也好。

请把它们写到或画到便签上，贴到自己能看到的笔记本、课本或者是日程手账上，以便能够经常凝视这些梦想。

"数学考到 80 分以上！"

"考上 XX 高中（大学）！"

"成为一名空乘！"

不要在意任何人的目光。

在便签上写下自己的梦想。

就个人体验而言，做为一名高中老师，我能像这样写书、在学校之外的地方获得发言权等，也是因为我把自己的梦想写到了便签上，贴在了醒目处，每天凝视它的缘故。

基于这样的经验，我强烈建议如果孩子拥有梦想，那么无论大小，请马上写到便签上，将其贴到醒目的地方！

第 4 章　总结

- 便签也适用于学习之外的场合
- 便签活用法①让日程管理变得简单
- 便签活用法②用"To Do 便签"把任务一网打尽
- 便签活用法③利用"倒计时效应"严守任务截止期限
- 便签活用法④用便签加深交流
- 便签活用法⑤让创意产出得更顺利
- 便签活用法⑥便签助力梦想的实现

便签诞生于失败之作？！

您知道便签是怎么诞生的吗？

其诞生地是 3M 公司。这是一家总部在美国的多元跨国公司。被称为便签代名词的"Post-it（报事贴）"就是该公司的注册产品。实际上，这还牵扯到一个诞生于失败之作的开发秘闻。

1968 年，3M 公司中央研究所的研究员斯潘塞·西尔弗，接受了开发具有超强粘合力黏着剂的任务。在反复试验、不断尝试的过程中，终于完成了一件试验品。但是测试结果和预期完全不同，"贴合得很好，但也很容易脱落"，这真是一种奇怪的黏着剂。作为黏着剂，这显然是一件失败之作。失败的产品通常情况下会被废弃，但斯潘塞·西尔弗当时却没有这样做。"它一定会派上用场！"抱有这种想法的斯潘塞·西尔弗利用其可以反复粘贴、揭下的特性最终生产出了便签。新奇的创造总是会诞生于意想不到的地方。

（摘自 3M 公司官网《3M 商品开发故事》）

便签笔记让学习在快乐中持续

感谢您将本书读到最后。

本书并没有介绍照做之后就能让孩子的成绩迅速提升，如同魔法一般的学习方法。

"便签笔记法"的种种使用技巧都是为了能让孩子的学习充满乐趣，并且可以在快乐中持续。

正因为如此，我个人希望这种方法能够"融入孩子们的血液中"。

也许孩子们现在所学习的内容，将来未必会在实际生活中全部派上用场。但是自己所下的功夫，为了掌握知识所做出

的努力，在未来绝不会被辜负。

在孩子从学校毕业踏入社会后，利用"便签笔记法"学习所培养出的能力也会得以发挥。

从本书中学到的技巧，就算是进入职场，也会成为提高工作效率、提升工作业绩的"有力武器"，为孩子的终身发展助力。

前言中写过的话语，在此再说一遍。

只不过需要一些便签，做笔记的关键也就在于便签。

衷心希望本书能够帮助孩子们提高学习成绩，进而使他们拥有美好未来。

在搁笔之前，请允许我表达内心的感激之情。

首先，我要感谢策划、主持本书出版的责任编辑古川有衣子女士。

自相识至今已有5载，能有缘一起制作这本书，真是不胜感激。

谢谢您帮忙成就了本书。

后　记

其次，我要感谢购买了本书的您。

可以说，书籍只有在阅读者身上起到作用，才算完成了它的使命。

为了孩子（抑或为了您自己），请一定尝试活用"便签笔记法"。

最后，我要感谢我最爱的家人。

能够一边承担高中三年级班主任这种责任重大的工作，一边创作本书，这必然离不开家人的支持和帮助。

在便签上写下温柔话语并将其贴于桌上的妻子、在便签上坦陈自己意见并掷于我面前的9岁长子、使用便签给我留言并时常附上插画的7岁次子，正因为有了你们，深夜归家的我才能坚持创作这本美妙的书。

在此，深深表达我的谢意。

谢谢你们。

2017 年夏

栗田正行

致谢

感谢栗子著书后援团的诸位

山下心路、Maimai、Kanappe、宫崎结衣、冈本奈奈、森山花音、鹤冈和真、向井海斗、府川弘树、清水大、胁hebeka、Torippi角田、丸山侑也、宫原麻衣叶、菊池祐衣、Natsuki、关日菜子、串山虎太朗、宫岛滉弥、Napeaki、山本歌子、西川久美子、清川香织、新井奈绪美、学研 西朋子、南云达哉、加茂川敏子、沼田雅美、Mityann、johyou、佐佐木景子、关根yukiko、Happi、Natyann、冈部清美、岸本干男、Yuzi、Okabo、Hittyi、铃木知美、小野寺朋子、竹中爱美子、Minmin、北岛一道、山口朋子、杉野美子、佐藤麻依子、风木奏言、710CANDLE 和泉诗织、铃木秀一郎、中原明奈、西井贵久、谷口和信、冈村圭一、三田村恭子、熊须功二、藤木章郎、Rityaaji、曾田照子、Yositaketihiro、Korarumente、NM、中川晴香、前川瑛、阿部裕子、中仓诚二、川田治、三木智有、桥本哲儿、Fukuzo、Harutyan、鸟海荣子、田村太一、松本由子、林琴枝、桥谷惠、伊藤稔弘、工藤 satosi、Pukko、Rikopii、softtennistiiba、大城工、中村纮章、多田健次、风户嘉幸、石川和男、今井泰文、川津磨美、岩本恒平、塚越典子、村上诚、Syonbei、戒能阳子

特别感谢

山田真哉先生

冈崎充先生

大西启之先生

水野俊哉先生

木暮太一先生

坂下仁先生（《用"便签笔记法"拓展人生》《便签笔记技巧》作者）

未来，属于终身学习者

我这辈子遇到的聪明人（来自各行各业的聪明人）没有不每天阅读的——没有，一个都没有。巴菲特读书之多，我读书之多，可能会让你感到吃惊。孩子们都笑话我。他们觉得我是一本长了两条腿的书。

——查理·芒格

互联网改变了信息连接的方式；指数型技术在迅速颠覆着现有的商业世界；人工智能已经开始抢占人类的工作岗位……

未来，到底需要什么样的人才？

改变命运唯一的策略是你要变成终身学习者。未来世界将不再需要单一的技能型人才，而是需要具备完善的知识结构、极强逻辑思考力和高感知力的复合型人才。优秀的人往往通过阅读建立足够强大的抽象思维能力，获得异于众人的思考和整合能力。未来，将属于终身学习者！而阅读必定和终身学习形影不离。

很多人读书，追求的是干货，寻求的是立刻行之有效的解决方案。其实这是一种留在舒适区的阅读方法。在这个充满不确定性的年代，答案不会简单地出现在书里，因为生活根本就没有标准确切的答案，你也不能期望过去的经验能解决未来的问题。

而真正的阅读，应该在书中与智者同行思考，借他们的视角看到世界的多元性，提出比答案更重要的好问题，在不确定的时代中领先起跑。

湛庐阅读App：与最聪明的人共同进化

有人常常把成本支出的焦点放在书价上，把读完一本书当作阅读的终结。其实不然。

时间是读者付出的最大阅读成本

怎么读是读者面临的最大阅读障碍

"读书破万卷"不仅仅在"万"，更重要的是在"破"！

现在，我们构建了全新的"湛庐阅读"App。它将成为你"破万卷"的新居所。在这里：

● 不用考虑读什么，你可以便捷找到纸书、电子书、有声书和各种声音产品；

● 你可以学会怎么读，你将发现集泛读、通读、精读于一体的阅读解决方案；

● 你会与作者、译者、专家、推荐人和阅读教练相遇，他们是优质思想的发源地；

● 你会与优秀的读者和终身学习者为伍，他们对阅读和学习有着持久的热情和源源不绝的内驱力。

下载湛庐阅读 App，
坚持亲自阅读，
有声书、电子书、阅读服务，
一站获得。

本书阅读资料包
给你便捷、高效、全面的阅读体验

本书参考资料
湛庐独家策划

☑ **参考文献**
为了环保、节约纸张, 部分图书的参考文献以电子版方式提供

☑ **主题书单**
编辑精心推荐的延伸阅读书单, 助你开启主题式阅读

☑ **图片资料**
提供部分图片的高清彩色原版大图, 方便保存和分享

相关阅读服务
终身学习者必备

☑ **电子书**
便捷、高效, 方便检索, 易于携带, 随时更新

☑ **有声书**
保护视力, 随时随地, 有温度、有情感地听本书

☑ **精读班**
2~4周, 最懂这本书的人带你读完、读懂、读透这本好书

☑ **课　程**
课程权威专家给你开书单, 带你快速浏览一个领域的知识概貌

☑ **讲　书**
30分钟, 大咖给你讲本书, 让你挑书不费劲

湛庐编辑为你独家呈现
助你更好获得书里和书外的思想和智慧, 请扫码查收!

(阅读资料包的内容因书而异, 最终以湛庐阅读App页面为准)

KODOMO NO GAKURYOKU WA "FUSEN NOTE" DE NOBIRU by Masayuki Kurita

Copyright © 2017 Masayuki Kurita

Original Japanese edition published by KANKI PUBLISHING INC.

Chinese (in Simplified character only) translation rights arranged with KANKI PUBLISHING INC. through Bardon–Chinese Media Agency, Taipei.

All rights reserved.

著作权合同登记号：图字：01-2022-4836 号

版权所有，侵权必究
本书法律顾问　北京市盈科律师事务所　崔爽律师

图书在版编目（CIP）数据

尖子生的便签笔记/（日）栗田正行著；崔颖译
.--北京：中国纺织出版社有限公司，2022.10
　　ISBN978-7-5180-9836-1

　　Ⅰ.①尖…Ⅱ.①栗…②崔…Ⅲ.①学习方法—青少年读物Ⅳ.①G791-49

中国版本图书馆CIP数据核字（2022）第164000号

责任编辑：刘桐妍　　责任校对：高　涵　　责任印制：储志伟

中国纺织出版社有限公司出版发行
地址：北京市朝阳区百子湾东里 A407 号楼　邮政编码：100124
销售电话：010—67004422　传真：010—87155801
http://www.c-textilep.com
中国纺织出版社天猫旗舰店
官方微博 http://weibo.com/2119887771
唐山富达印务有限公司印刷　各地新华书店经销
2022年10月第1版第1次印刷
开本：880×1230　1/32　印张：6.125　彩插：1
字数：69千字　定价：62.90元